NO MÁS PROCRASTINACIÓN

Hábitos Simples Para Aumentar Su Productividad Y Ponerse En Acción

Descubrir Cómo Eliminar Los Hábitos De Procrastinación Y Superar La Pereza Para Siempre

Tabla de Contenidos

INTRODUCCIÓN 5
CAPÍTULO UNO: DEJAR LOS MALOS HÁBITOS AHORA 9
  Los mayores errores de concepto sobre la pereza 9
  5 razones por las que eres perezoso y cómo arreglarlos 11
  6 maneras de superar el cerebro perezoso 15
  7 hábitos terribles que le impiden tener éxito 18
CAPÍTULO DOS: DESPERTANDO UNA MENTE MOTIVADA 22
  ¿Qué tipo de aplazamiento es usted? 22
  10 must know hacks para la motivación de soplar la mente 29
  La mentalidad fija frente a la mentalidad de crecimiento 33
  5 consejos para desarrollar una mentalidad que le traiga éxito 36
CAPÍTULO TRES: CÓMO HACER EL TRABAJO 38
  11 técnicas Esenciales para Aumentar Su Productividad 38
  10 secretos detrás de la productividad según los multimillonarios del mundo 43
  5 estrategias de gestión del tiempo para hacer más en menos tiempo 47
CAPÍTULO CUATRO: AGUDIZAR EL ENFOQUE 51
  14 ejercicios para desarrollar un enfoque agudo como una navaja de afeitar 52
  El vínculo crucial entre el cerebro y el vientre 59
  5 maneras de desarrollar una autodisciplina inquebrantable 62
CAPÍTULO CINCO: ESTABLECIMIENTO DE METAS PARA EL ÉXITO 66

Conceptos asociados con el establecimiento de metas 67
Formas de Metas 68
10 Técnicas para fijar metas para lograr sus metas más rápido 69
7 cosas que debe saber sobre cómo fijar las metas correctas 72
Las mejores maneras de recompensarse por las metas cumplidas 75

CAPÍTULO SEIS: NUEVO TÚ, NUEVAS RUTINAS 78

8 maneras de crear grandes hábitos que conducen al éxito 79
9 Rutina de la mañana para hacer de cada día un buen día 85
6 Rutinas nocturnas para asegurar que el mañana sea tan bueno como el presente. 89

CAPÍTULO SIETE: NO MÁS OBSTÁCULOS 93

7 maneras de Conquistar su Miedo al Fracaso................... 93
7 estrategias para vencer al monstruo del perfeccionismo 96
7 maneras en las que la Positividad puede Manifestar el Éxito 99
5 fortaleciendo Mantras para Destruir el Auto sabotaje y Empezar a Hacer las Cosas............................. 103

CONCLUSIÓN 106

INTRODUCCIÓN

No importa en qué fase de su vida se encuentre actualmente, o en qué profesión se encuentre. La verdad es que todos estamos tratando de superar la dilación de una manera u otra. Anhelamos no sólo obtener resultados, sino también obtenerlos rápidamente. Los resultados son buenos, pero cuanto antes lleguen, mejor para nosotros. Y aquí es donde entra en juego la dilación.

La mayoría de nosotros ya tenemos todo planeado. Nuestras cabezas burbujean con un montón de ideas y visiones, y queremos empezar lo antes posible, pero la dilación nos impide alcanzar los logros. Es tan sutil que nunca sabes que estás siendo retenido.

La mayoría de las personas que dejan las cosas para más tarde terminan completando sus tareas antes de la fecha límite, pero en la mayoría de los casos, terminan el trabajo bajo presión. Un procrastinador nunca está satisfecho con el trabajo terminado, ni siquiera cuando se completó antes de la fecha límite. Siempre existirá el temor de que algo no se haya hecho bien. La dilación te obliga a vivir en la ansiedad y el miedo perpetuo.

Hay esperanza. El primer paso es entender que hay un problema. Una persona que posterga y que no lo sabe, está en camino a la mayor trampa del mundo. Saber que tienes un problema es el principio de la solución. La dilación es complicada, pero se puede entender. Sólo tienes que entender de qué se trata. Y eso es lo que te ayudaré a hacer en este libro: entender la postergación.

Sólo se puede romper su fortaleza después de entender lo que la hace fuerte. Hay pequeños detalles que pueden ayudarle a superar la dilación. ¿Sabe que el contenido de su estómago en un momento dado puede tener un efecto en su productividad en ese momento? Sorprendente, ¿verdad? Pero ese es el caso.

Al seguir mis guías en este libro, quiero asegurarle que está en buenas manos. Soy Ethan Grant, y me encanta pensar que soy un agente de productividad. Soy uno de los principales oradores sobre el tema de la productividad. Entiendo tanto el concepto de productividad como el de dilación, y sé cómo cambiarlos en una persona.

Hay algo a lo que me refiero con la psicología del procrastinador. Es tan fuerte en los procrastinadores que casi nunca saben que existe. Se lo revelaré durante nuestro viaje a través de las páginas de este libro. Sólo les pido que se queden conmigo y estén tan atentos y proactivos como pueden para que puedan cambiar. He diseñado este libro en la forma más simple posible para que pueda beneficiar a cualquier persona que lo lea. Los pasos listados son todos prácticos, por lo que tendrá problemas para seguirlos.

Toni Morrison escribió en uno de sus libros: "Si te rindes al aire, puedes montarlo". Hay muchas posibilidades en tu vida. Las cantidades de cosas que usted puede lograr son bastante abrumadoras, pero la postergación nunca se lo permitirá.

Si alguna vez te has sentado a imaginar todas las grandes cosas que pudiste haber hecho pero no hiciste, a pesar de que estás 100% seguro de que tienes todo lo que se necesita, entonces, debes saber que tienes un problema de dilación. Pero una vez superado este problema, muchas posibilidades comenzarán a abrirse para ti, cosas que nunca habías imaginado que podrías hacer.

Los beneficios de conquistar la postergación son numerosos. Simplemente siéntese y trate de imaginar todo los propósitos que podría cumplir si decide dar un paso hoy y volverse productivo en cualquier campo en el que se encuentre.

Mis consejos de productividad han tocado vidas en varios lugares. Hago que la gente me llame y me diga algunas de las maneras en que mis enseñanzas han afectado sus vidas de manera muy positiva. A lo largo de los años, he trabajado sin descanso para producir algunas lo que compartiré con ustedes en este libro. Deberías considerarte afortunado porque recibirás la mayor parte del trabajo de mi vida en los siguientes capítulos. Estas son pepitas de oro que han cambiado vidas y han creado un nuevo camino para las personas que alguna vez se sintieron frustradas.

La productividad es una cosa maravillosa, pero tiene que ser entendida y respetada antes de que pueda ser aplicada. Por supuesto, nada bueno viene fácil, así que tendrá que seguir los procedimientos en este libro algún tiempo antes de comenzar a cosechar los beneficios. Puedo asegurarles que si se aplican estos principios, no hay nada que pueda impedir que su luz brille.

Usted podría estarse preguntando, ¿por qué este libro, de todos los otros libros que tratan el tema de la postergación cambiará mi vida? El objetivo principal de escribir este libro es verter todo mi ser en estas páginas. No sólo estarás leyendo un libro, sino que estarás exprimiendo mi cerebro y te irás con un conocimiento maravilloso.

Soy un maestro experimentado, y trato de ser lo más técnico posible con cualquiera de mis trabajos escritos. Esto es para asegurarme de que mi lector entienda fácilmente la información que estoy tratando de transmitir. Si la brecha de comunicación es defectuosa, entonces, toda la aventura de escribir no tiene sentido. Este es el vacío de comunicación que he intentado colmar de la mejor manera posible. El método listado aquí son procedimientos que cualquier persona puede utilizar con éxito sin ningún tipo de estrés.

Recuerda, el Cielo sólo ayuda a aquellos que se ayudan a sí mismos. Sentarse debajo de un manzano no significa que se irá a casa con una canasta llena. Usted necesita tomar medidas y conectar algunos para su satisfacción. El éxito está ahí, en la esquina, pero nunca entrará en tu casa hasta que la invites a entrar.

Finalmente, recuerde que nuestro mundo sólo pertenece a los que toman parte en la acción. Ningún cambio real puede ocurrir, excepto que usted decida tomar medidas. La acción es el ingrediente clave en cada historia de éxito. Tienes que empezar a vencer la dilación ahora antes de que te arrebate tu glorioso destino.

Un estilo de vida productivo debe ser su principal objetivo mientras se esfuerza por convertirse en una mejor versión de sí mismo. Comience a practicar todos los consejos y pautas que se ofrecen en este libro. Espero que pronto tengas una historia positiva que contar.

CAPÍTULO UNO: DEJAR LOS MALOS HÁBITOS AHORA

Los mayores errores de concepto sobre la pereza

Empecemos por señalar que la pereza no es una enfermedad o un trastorno de la personalidad; es algo que has aceptado para ti mismo. La pereza es algo que lentamente se arrastra hacia ti, te enreda, y gradualmente se apodera de tu personalidad. Es muy sigiloso, y trabaja mano a mano con la dilación.

Piense en la pereza como un deseo del laico. Es algo que quieres hacer, algo con lo que te sientes muy cómodo. Aunque mucha gente puede discutir y hablar de lo mucho que odia la pereza, en el fondo, hay una parte que se siente cómoda con sólo estar acostada y no hacer nada. Es casi como un conflicto interno contigo mismo. Una parte de ti te suplica que no consigas ni hagas nada, mientras que la otra parte conoce y entiende las repercusiones de esas acciones.

Tome nota de que la pereza y el descanso no son lo mismo. Usted descansa después de completar un gran proyecto, pero cuando este descanso continúa por un tiempo prolongado, entonces usted sabe que hay un problema. La pereza puede consumir tanto a una personalidad que se convierte en parte de su personalidad, un hábito sobre el que no pueden hacer nada. Y aquí es donde se pone raro y peligroso. En este punto, el individuo puede comenzar a ver la pereza como un desorden o una enfermedad, que en la mayoría de los casos, es errónea.

El hábito de la pereza se puede formar en una variedad de circunstancias. Es aún más activo en adultos que de alguna manera han perdido la motivación para ser aventureros y buscar nuevas cosas en el mundo. Estudie a los niños que le rodean. Apenas se ve a uno perezoso. Siempre están en pie y haciendo, buscando la siguiente gran aventura y descubrimiento. Y es por eso por lo que la vida se mantiene brillante y fiel a aquellos que entienden los rudimentos de las cosas nuevas.

Por el contrario, la pereza en un adulto puede resultar porque la persona mayor cree que ya ha visto suficiente de la vida y ahora está particularmente desmotivada. Esto es la pereza de la mente. Aquí, el individuo en cuestión está dotado de suficiente fuerza y energía para llevar a cabo la tarea, pero debido a que no hay motivación, la tarea permanece sin hacer. Y se culpa a la pereza.

Desde otra perspectiva, se puede decir que la pereza es una variedad de estados que pueden ser emocionales o físicos y que pueden afectar las ganas de una persona por hacer las cosas. Para diferentes personas, hay diferentes razones por las que son perezosas. A veces, la pereza puede surgir en un individuo que trabaja duro, todo por falta de interés. Imagínate un extremo introvertido y un extremo extrovertido, ambos planeando fiestas. Definitivamente, uno pondrá más esfuerzo en la preparación que el otro. Ahora bien, no es que el introvertido sea perezoso, sino que los introvertidos son generalmente personas a las que no les gusta invertir en actividades sociales.

Pero esto no debería ser una excusa para acomodar la pereza. Una persona nunca nace naturalmente perezosa, excepto si hay una enfermedad que debilita naturalmente al individuo. Aparte de eso, la pereza se aprende o se adentra y se convierte en un hábito. Lo curioso de la pereza como hábito es que continúa creciendo en ti hasta que destruye completamente todos tus planes. La pereza es un aspecto de su vida que puede afectar otra parte de su vida y arruinarla. Si usted se sale con la suya hoy en día, su mente tratará de engañarlo para que crea que se saldrá con la suya de nuevo hasta que lo devastador finalmente suceda.

5 razones por las que eres perezoso y cómo arreglarlos

Muchas veces, la gente tiene un sentido sombrío del hecho de que la pereza finalmente se ha colado en su vida. Ya no se trata de si soy perezoso, sino de por qué soy perezoso. Aunque esta es una pregunta muy importante, la respuesta a esa pregunta no está fácilmente disponible excepto a través de una búsqueda más profunda. Hay varias razones por las que las personas terminan siendo perezosas, y estas razones varían de un individuo a otro. La pereza puede ser causada por una amplia gama de factores externos, incluyendo los psicológicos.

Se han revelado formas de cómo superar la pereza. Como otros rasgos, la pereza puede transformarse en eficiencia. Aunque este método funciona, la mayoría de las veces los candidatos que lo aplican pueden volver a caer en la pereza. Pero hay algo más profundo en la situación. Usted tiene que sentarse y entender la verdadera causa de su pereza antes de que se pueda prescribir una solución.

Hay algunas causas generalmente identificables de pereza en diferentes individuos, sin importar sus diferencias de personalidad. Algunos de estos incluyen:

1. **Estar abrumado por la tarea en cuestión**.

Algunas personas se sienten abrumadas por el tamaño del trabajo requerido para completar un proyecto. Un método para deshacerse de esto es dividir las tareas principales en tareas más pequeñas, pero incluso esto mismo puede hacer que una persona ignore la tarea. La mayoría de las veces, la gente carece de los conocimientos necesarios para realizar una tarea. Así que se olvidan de la tarea y la dejan colgando. Esta forma de pereza tiene que ver principalmente con la capacidad mental. Es decir, la pereza se forma porque un individuo no puede hacer el ejercicio mental necesario para entender la tarea que se le presenta.

Esta tarea requerirá una cantidad insensata de investigación, recolección de materiales y todos los demás requisitos. Pero la solución aquí es aprender las habilidades necesarias para dividir una tarea en tareas más pequeñas. No es una habilidad con la que uno nace. Se desarrolla a lo largo del tiempo, con una práctica constante. Si usted ha identificado este tipo de pereza en su vida, es hora de que se esfuerce por aprender a tratar con grandes proyectos y manejarlos por partes, uno a la vez.

2. **Propósito no identificado**

A menos que usted haya establecido la razón por la cual la realización de una tarea en particular será importante para usted, su mente nunca pondrá no querrá completarlo. Cuando no hay un propósito claro, difícilmente habrá motivación para completar la tarea. La pereza parece ser fácilmente un refugio seguro para las personas que no tienen un propósito claro que perseguir.

Una vez que una persona llega a ser plagada con tal forma de pereza, no habrá manera de avanzar y hacer lo que debemos; todo lo que buscará es una forma de escape. Si descubres que caes en esta categoría de pereza, la solución será encontrar algo que te motive. Encuentra algo que te haga querer actuar. Antes de comenzar cualquier tarea, siéntese y haga una lista de todos los beneficios que puede obtener cuando la tarea esté finalmente terminada. Esto le dará algo de motivación para llevar el trabajo al siguiente nivel.

3. **La necesidad de producir un trabajo perfecto**

Para un perfeccionista, la regla es hacerlo al 100% de excelencia o dejarlo sin hacer. Mientras que esto puede ser a veces un rasgo muy admirable y necesario para producir los mejores resultados de una tarea, a veces puede quitar el deseo de trabajar. Un perfeccionista pasará horas y días recolectando y perfeccionando el material necesario antes de iniciar una tarea. El no perfeccionista, por otro lado, ya ha comenzado con lo que tiene y ha progresado. Con el tiempo, terminará el trabajo, dando los últimos retoques para perfeccionar el trabajo lo mejor que pueda.

Los perfeccionistas siempre se frustran más fácilmente mientras trabajan en una tarea porque alcanzar la perfección nunca es una tarea fácil. Siempre habrá factores sobre el terreno que aseguren que la obra nunca alcance la perfección. El miedo a cometer errores es otro factor que impide a los perfeccionistas iniciar una tarea. Esto ocurre sobre todo cuando hay una parte del trabajo que no son plenamente capaces de llevar a cabo. Así que, para prevenir errores, ni siquiera empiezan.

Usted puede frenar los efectos de este estilo de vida perfeccionista al entender que la perfección no se alcanza en una sola vez. Lleva tiempo conseguir que algo sea tan bueno como tú quieres que sea. Y esa es la belleza de trabajar en algo, de poner cada vez más de nuestra parte hasta que se cree algo de calidad. La calidad requiere tiempo y esfuerzo. La alegría está en el proceso de completar el trabajo, y usted será plenamente recompensado cuando se logra. Entienda que hay un tiempo para dejar a un lado su mentalidad perfeccionista y tratar de hacer las cosas, incluso si usted no está demasiado seguro de su capacidad para completar la tarea dada. No tengas miedo de que la gente te mire de manera diferente cuando fracases. Ellos también han fallado antes, así que no deberías preocuparte por sus miradas. Haz lo que sea necesario.

4. Aceptar la pereza

Hay una especie de pereza que es habitada, pereza en la que puedes hablarte a ti mismo. Algunas personas nunca han puesto sus mentes en lograr algo tangible, de tal manera que ni siquiera tienen una idea de lo que es ser productivo. Es más bien un estado de complacencia e inactividad. Ellos tienen una mentalidad que antes de que se pueda llevar a cabo una tarea, tiene que ser divertida y agradable, por lo que cuando se enfrentan a una tarea tediosa, se olvidan de ella y buscan formas de escapar. Las cosas que no entran en la categoría de lo agradable se dejan para más tarde, y después, y finalmente más tarde, hasta que nunca se hacen.

Tener estos pensamientos de vez en cuando es completamente normal. Así es como funciona tu cuerpo. Pero si se repite una y otra vez, entonces usted sabe que son un problema de ética de trabajo. Tu cuerpo sólo quiere disfrutar, lo cual está mal. Debe haber ocasiones en las que seas disciplinado y trabajes. Estos pensamientos pueden, de alguna manera, bloquear su capacidad de producir algo que valga la pena, algo que puede ser apreciado.

Despoja tu mente de este tipo de pensamientos y ponte a trabajar. Véase a sí mismo como alguien que tiene que lograr lo que se propone. La acción tomada ahora es siempre la mejor, y conducirá a recompensas satisfactorias.

5. Condiciones de salud

Como se ha señalado anteriormente, hay una especie de pereza que es causada por dolencias físicas o enfermedades. Si descubre que se siente cansado fácilmente y que nunca hay ninguna motivación para que trabaje, entonces debe considerar hacerse una prueba médica. Estas enfermedades casi nunca se revelan hasta que es bastante tarde, pero tu cuerpo responde a ellas lo suficientemente temprano, y te toca a ti detectarlas. Una de las maneras en que el cuerpo responde es sintiéndose cansado para ayudarle a conservar energía. Sin embargo, ese no debería ser el caso. Todo esto podría ser el resultado de un trastorno de la tiroides. Estos problemas de la tiroides podrían llevar a diabetes, enfermedades cardíacas y otras enfermedades que podrían debilitar el cuerpo.

6 maneras de superar el cerebro perezoso

Cuando la pereza se apega a una persona, también puede afectar su cerebro y hacerlo perezoso. Tu cerebro y tu mente, la mayoría de las veces, trabajan mano a mano. Y una vez que uno de ellos comienza a acomodar las nociones de pereza, el otro se ve afectado instantáneamente. Esto se conoce como pereza mental.

La pereza mental puede presentarse de varias maneras. Por un lado, la pereza mental puede aparecer en forma de una mentalidad desorganizada y dispersa. Su facultad mental siempre estará desorganizada, produciendo una gran variedad de pensamientos que en su mayoría no tienen sentido. La mayoría de estos pensamientos que ocurren como resultado del desorden mental lo son:

- Pensamientos negativos.
  La mente está mayormente condicionada a pensar y recordar cosas negativas de la vida, siempre tiende a reflexionar y considerar las cosas que han salido mal. ¿Cómo esperas producir resultados cuando tu mente está atascada en tales pensamientos? Será muy difícil conseguirlo. Estos pensamientos negativos pueden acumularse y afectarte mental, psicológica y físicamente. Una vez que su cerebro perezoso le dice a su cuerpo que está enfermo y que no puede desempeñarse, su cuerpo obedece y cae en la pereza.

- Faltan las cosas más importantes de la imagen
  Una mente inundada de pensamientos es una mente que siempre estará en pánico. Nada se mantiene estable. Este tipo de pensamiento siempre te ensimismes, haciendo que te pierdas las cosas que tienes justo enfrente.

Algunas de las maneras en que usted puede controlar este cerebro perezoso y llevarlo al libro incluyen:

1. **Protege tu mente**

Sea un guardián de todos los pensamientos que pasan por su mente. Observe los pensamientos a medida que van y vienen y trate de entender el patrón en el que ocurren. Podrás identificar los pensamientos negativos y los positivos. Examínese a sí mismo y descubra por qué los pensamientos negativos se han vuelto incesantes. Es posible que haya pequeñas razones a su alrededor, las cuales puede que tenga que arreglar. Puede ser ansiedad, miedo al fracaso o estrés mental.

2. **Presta atención a cada pensamiento.**

A medida que los pensamientos vienen a tu mente y tratan de producir pereza, presta atención a todos y cada uno de ellos y encuentra su raíz. Si usted está ansioso por algo, entonces averigüe por qué ocurre la ansiedad en primer lugar. Si usted está estresado y no puede desempeñarse de manera óptima, entonces trate de averiguar cómo combatir este estrés y restaurar el cuerpo a su estado normal de funcionamiento. Elimina estos pensamientos uno por uno y reduce el poder de los pereza.

3. **No busques un escape.**

La mayoría de la gente siempre está en busca de cosas que les ayuden a escapar del presente y vivir en un universo paralelo de entretenimiento. Aunque está bien buscar alguna forma de escape del ajetreo de la vida, se debe revisar si se vuelve demasiado. Si descubres que eres ese tipo de persona que depende en gran medida del entretenimiento para escapar y evitar las "perturbaciones" en tu vida, notarás que tu mente pronto comenzará a experimentar deterioro.

Hay otras formas de escapismo que la gente emplea para liberarse de las garras de sus vidas. Las drogas recreativas sólo le ofrecen placer a corto plazo. Una vez que desaparece, te encuentras con el mismo problema del que habías estado tratando de escapar. Tu mejor opción es enfrentarte a lo que sea y conquistarlo de una vez por todas.

4. Manténgase atento

Estar atento implica prestar plena atención a las cosas que te rodean, tanto las que tienen que ver con tu estado mental como las que tienen que ver con el mundo físico que te rodea. No dejes que nada, por pequeño e infinitesimal que sea, pase de largo. Disfrute de la vida y al mismo tiempo sondee usted mismo e identifique las razones por las que disfruta de ciertas cosas. Mientras hace esto, asegúrese de permitirle a su mente un poco de espacio para la exploración. Deja que tu mente se desvíe un poco, pero no permitas que viaje demasiado lejos para que no lo pierdas.

5. Organícese

La desorganización resulta fácilmente en desorden, y el desorden en cualquier forma no es sólo una distracción, sino una enorme manta húmeda. Tener su espacio personal atascado en el desorden puede resultar en la pérdida de motivación. Un espacio limpio siempre te invita a trabajar, a hacer algo. Un espacio desorganizado, por otro lado, te aleja y te dice que no se puede hacer nada.

Trata de observarlo por ti mismo. ¿Cómo te sientes al entrar a la cocina y encontrarte con un montón de platos esperándote en el fregadero? Es natural que quieras ocuparte de eso antes de seguir cocinando La mente es siempre más cómoda y capaz de organizarse para producir siempre que se le presenta un espacio limpio.

6. Busque ayuda cuando sea necesario

Siempre hay ayuda para ti cuando intentas curar tu mente de pereza. Todo lo que tienes que hacer es buscarla. A veces, puede que no sea capaz de superar una distracción o tentación de por sí solo, pero con la ayuda de otros, lo encontrará fácil de hacer. Naturalmente, habrá este temor de encontrar gente para pedir ayuda. Esto puede deberse a una experiencia desagradable en el pasado, pero es una habilidad necesaria que hay que aprender, especialmente cuando se lucha con algo tan adictivo como la pereza. Es posible que se necesite un poco de práctica para aclimatarlo con lo básico para encontrar ayuda.

7 hábitos terribles que le impiden tener éxito

Vivir una vida de productividad es tener éxito en cualquier cosa que se encuentre haciendo. Y los hábitos mismos son algunos de los factores que se acumulan para producir éxito. Son nuestros hábitos los que nos definen y los que nos hacen quienes somos, ya sea como historias de éxito o como un fracaso. Es por eso por lo que es necesario que uno construya los hábitos perfectos para permitir el éxito. Lamentablemente, la mayoría de las personas han pasado su vida construyendo hábitos que fomentan el fracaso y los alejan aún más del éxito. Aquí, voy a destacar algunos de esos hábitos que podrían obstaculizar su éxito.

1. **Incapacidad para decir "no".**

A veces deberías ser el malo y hacer algunos rechazos. No se debe participar en todo lo que se le invita a participar. Si te resulta difícil decir que no y no sentirte culpable por ello después, te darás cuenta de que has estresado tanto tu cuerpo como tu alma. Además, si sigues diciendo que sí a todo, tendrás un horario abrumador, que también puede resultar desastroso.

Las investigaciones han relacionado la depresión con la incapacidad de decir que no porque pronto descubrirá que ya no puede controlarse a sí mismo. No decir que no puede desviarte de tu objetivo principal y hacer que persigas otra cosa simplemente porque alguien más te ha persuadido para que lo hagas.

2. **Miedo a los riesgos**

Sé inteligente, pero no lo hagas con precaución. Eso es algo que me encanta decirles a mis estudiantes. Es natural tener un poco de miedo de su futuro, pero nunca debe permitir que afecte su trabajo y las decisiones que toma. Temer a los riesgos es asegurarse de que nunca obtendrá nada tangible. Las mejores cosas siempre se te escaparán. Y no importa cuánto temas los riesgos, esa cosa que temes todavía te ocurrirá algún día, así que es mejor tomar el riesgo de todos modos. Tomar riesgos y fracasar y saber que al menos aprendiste algo nuevo. Esa es la belleza de la vida, explorar y descubrir cosas nuevas.

3. **Retenido por tu pasado**

Dicen, "lo pasado, pasado está", y yo no podría estar más de acuerdo. Olvida las cosas de tu pasado, las cosas del fracaso y las cosas del éxito. El éxito también tiene una forma de impedir que usted logre más. Si lo has logrado antes, entonces, deberías avanzar y tratar de conquistar más. No permita que el éxito de ayer le impida duplicar sus esfuerzos y hacer más. Lo mismo ocurre con el fracaso. Lo mejor que puedes hacer por ti mismo es enterrar las cosas del pasado y mirar hacia el futuro.

4. **Construyendo tu vida con sólo hablar**

Este hábito es mortal. Es para personas que pasarán la mayor parte de su tiempo hablando de una visión en lugar de ponerse a trabajar para hacerla realidad. Hablar es bueno, pero la acción es mejor. ¿Sabes qué es lo mejor? Tomar acción inmediatamente. No permita que las historias le obstruyan la mente hasta que empiece a ignorar el trabajo principal que tiene que hacer. Hablar es barato, y la acción es cara. No vivas una vida barata. Es peligroso.

5. **Jugar a los juegos de la culpa**

La culpa es una carga pesada, y es algo hermoso quitársela de los hombros. Usted experimenta instantáneamente la libertad, y puede volver a relajarse. Se mantiene dulce hasta que se vuelve demasiado tarde, cuando finalmente descubres lo que te ha costado el daño de echar la culpa a alguien más. Si se le debe culpar, no hay necesidad de rechazar la culpa por el bien de la libertad temporal. Acepta tu culpa y sigue adelante con ella. En lugar de poner excusas y tratar de liberarse, trate de averiguar por qué esa empresa fracasó en primer lugar. Echarle la culpa a todo el mundo es una receta para más fracasos.

6. **Falta de autodisciplina**

La autodisciplina es simplemente obedecerte a ti mismo como tu propio jefe. La autodisciplina es agacharse para que usted sea lo suficientemente humilde como para escuchar a su propio yo. Usted debe ser capaz de hablar de sí mismo hacia el éxito y fuera del fracaso. De hecho, nunca podrás tener éxito si no has aprendido a regañarte a ti mismo cuando sea necesario. Aparte de eso, usted debe temer las fechas límite que usted pone. Debe haber castigos por no completar una tarea en el momento adecuado. Estas son algunas de las cosas que la autodisciplina implica. Al final, se trata de ser tu propio maestro y maestro más duro.

7. **Una mentalidad competitiva**

Suscribirse a una competencia sana es adecuado para su desarrollo, pero cuando la competencia comienza a generar envidia y baja autoestima, se convierte en algo peligroso. Su mayor logro debe ser usted mismo. Mejórate a ti mismo independientemente del éxito de los demás o de lo que se esté embarcando en este momento. Permita que el éxito de otras personas se convierta en una motivación para mejorar su trabajo, no para volverlo loco. Permanezca en su carril, pero asegúrese de hacerlo lo mejor que pueda.

CAPÍTULO DOS: DESPERTANDO UNA MENTE MOTIVADA

Puede que te sorprenda que, aunque las cosas se pongan difíciles, pierdas el impulso de continuar porque se trata sólo de ti. Por supuesto, el único "ser" que ves a tu alrededor es tu ser interior. E incluso su voluntad interna de seguir adelante ha sido golpeada por una enfermedad mortal que yo llamo frustración.

¡No te preocupes! Al final llegas a esa etapa. De hecho, es una gran señal de que estás progresando. Muestra que se ha escalado a través del nivel inicial. Aunque el progreso puede parecer lento y puede no significar mucho en comparación con la meta que te has propuesto, ahora estás en una posición en la que necesitas estar motivado.

Tenga cuidado de no expresar este sentimiento de frustración en su vida diaria. El efecto consecuente es que nada parecerá funcionar para usted. ¿Por qué? Porque lo has pre condicionado como una realidad con la que vivir.

Dos cosas podrían entrar en juego: el desánimo y la dilación. Desánimo porque no está seguro de si va a funcionar. Y la dilación porque tu progreso es lento. Ninguno de los dos es un trato con el que hay que conformarse, y otras cosas dañinas podrían suceder.

Este capítulo explorará todo lo que necesita saber sobre cómo seguir adelante.

¿Qué tipo de aplazamiento es usted?

Será interesante observar la importancia de la productividad en nuestro lugar de trabajo y en nuestra vida diaria. Pero una cosa que destruye nuestra capacidad creativa para hacer más es la dilación. La dilación es simplemente el acto de empujar la realización de las cosas hacia el futuro; cosas que usted considera de menos valor en su momento presente.

Todos hemos estado en esta piscina antes. Admitir este hecho no lo presenta como un buen hábito. Aunque la priorización puede redefinir el contenido de las tareas que se llevarán a cabo en el futuro, sólo muestra que hemos sido capaces de identificar la raíz de las antiguas dificultades. Algunos podrían no aceptar la responsabilidad y pasarla para otro momento porque sienten que son incapaces de hacer tal tarea. Otros podrían hacerla sólo por cumplir, otro acto de pereza.

1. El Evader

Hay momentos en que estamos en nuestro mejor momento para cumplir una tarea. Pero a veces, decidimos no continuar porque nos preocupa no poder hacerlo. La auto duda entonces mata la creatividad en nosotros. Tienes miedo de caer, y lo único que te viene a la mente es dejar de realizar esa tarea. Nadie discutirá el hecho de que es bueno reconocer nuestras limitaciones y debilidades. También es necesario que no permitas que eso te detenga.

Construir un sentido de importancia

Entienda el valor que se le asigna a la tarea que evita. Vea esos valores como compromisos que necesitan apoyo vital. Por supuesto, tú eres el que asegura su existencia cumpliéndola. Y puesto que el soporte vital no es una decisión que hay que evitar, sus tareas no deberían serlo también. Usted puede tender a comparar cada uno de esos trabajos que impulsa más a medida que su corazón late. Por mucho que el latido de nuestro corazón sea esencial en el futuro, también se considera de mayor importancia para el presente.

Escapando del evasor

- Describa un resultado positivo
  Crear suficientes razones para no evitar la tarea. La alegría de los logros por sí sola debe ser una motivación constante para animarte. Mientras que usted ha sido un benefactor continuo de la satisfacción y el placer derivado de no hacerlo inmediatamente, también puede obtener ese cumplimiento cuando lo piensa positivamente.

- Prepara tu testamento
  Todo lo que hay dentro de ti debe recibir el conocimiento correcto para hacer las cosas rápidamente. Y lo bueno de la fuerza de voluntad es que usted es el mejor influenciador.

- Empieza en pedazos
  El trabajo puede ser abrumador a veces; pero con diferentes estrategias, se volverá interesante. Divida el proceso de completar la tarea en partes. No pienses en lograrlo en un abrir y cerrar de ojos. Asigne cada pieza con un límite de tiempo, digamos de 5 minutos (usted tiene el control aquí). Puede que necesites despejar tu dormitorio. Dale tres minutos para arreglar tus zapatillas y dos minutos para arreglar una corbata. Ir con este flujo hace que el trabajo sea más manejable y emocionante.

2. El Stickler

La excelencia es una virtud que debe ser vista en todos; pero no debe afectar la integridad de un trabajo. Algunas personas están atrapadas en el círculo de sacar lo mejor de todo lo que hacen. No pueden hacer menos hasta que estén satisfechos de que el trabajo es de clase mundial.

Nadie está negando lo esencial de hacer las cosas de la mejor manera; esto demuestra la importancia de la productividad. Pero comprenda que en muchos casos, la atención requerida para tales tareas debe ser bien monitoreada; y por lo tanto, tendemos a dejar de hacerla porque estamos abrumados. Existe ese temor a la baja calidad que les impide comenzar de inmediato.

Salir de lo más riguroso
- Haga el análisis

Las matemáticas no serían necesarias aquí, pero puedes pensar en hacer la aritmética del último trabajo que hiciste. Hágase diferentes preguntas, desde cuándo comenzó hasta cómo lo completó. ¿Tenía algún efecto consecuente? ¿Pudieron alcanzar una tasa de éxito del 100%? ¿Hubo alguna recompensa de satisfacción interna por esto? ¿Qué perspectiva le dio a su trabajo? Es más probable que hayas sido demasiado duro contigo mismo para perfeccionar tu próxima tarea, y es por eso por lo que quieres arreglar los detalles más pequeños.

- Tener una intención clara

Comprender la naturaleza del trabajo a realizar. Los tecnicismos, módulos de operación, gastos de diseño y presentación. Asegúrese de tener una definición clara de lo que necesita lograr. Cuando su propósito esté claro, no se distraerá.

- Defina su satisfacción

Un análisis funcional le facilitará este paso. Una vez que hayas podido detallar cuál es tu felicidad, buscarla en cada trabajo que hagas no será un problema de nuevo. Su satisfacción puede llegar cuando logre, digamos, la mezcla correcta de color en sus diseños de interiores.

3. El cerebro desordenado

¡Sí, desorden! Puede ser cierto que estamos muy ocupados con muchas cosas que hacer. Desde el trabajo hasta las actividades de grupos sociales, el compromiso religioso, los controles de salud y seguridad, el mantenimiento de la familia y muchas otras rutinas interesantes. Las tareas de oficina múltiples solas en su lugar de trabajo pueden ser una amenaza para priorizar su trabajo diario. Entonces se convierte en un problema elegir la tarea correcta a realizar en este momento. Y cuando esto es demasiado para nosotros, tendemos a hacer algunas tareas y empujar otras hacia el futuro. A veces, nuestro estado mental es tan ocupado como nuestra carga de trabajo que nos confundimos desde adentro primero, luego la realidad de lo físico añade insulto a la lesión. Es evidente que estás ocupado con muchas cosas que hacer, y el más mínimo tiempo para descansar también se utiliza para pensar. Estarías de acuerdo conmigo en que esos pensamientos no son tan productivos como deberían serlo.

Salir del cerebro desordenado
- Establecer prioridades

Identifique el trabajo más relevante y hágalo inmediatamente. Nunca se sienta abrumado cuando las tareas menores parecen ser la mayor parte de la situación. Cree una lista expresa de sus tareas rutinarias. Haga las que usted siente que son necesarias y urgentes de inmediato, y complete otras de manera constante.

- Determinar una fecha tope

Por mucho que el trabajo sea esencial, es vital establecer un límite de tiempo para cada una de sus tareas. Tomarse demasiado tiempo en un problema en particular deja a otros apilándose. Tenga en cuenta que su límite de tiempo debe ser alcanzable. Dado que la mayoría de sus trabajos se realizan de forma rutinaria, elabore una estrategia para simplificar el proceso.

- Trabajar con hechos

Busque el consejo de los expertos para tareas específicas. Dar un paso como este le da una ventaja para tener éxito a un ritmo más rápido. Trabaje con datos y cifras probadas de profesionales y alivie su carga de trabajo.

- Responsabilidades de los delegados

Usted no tiene que hacer necesariamente todo el trabajo. Busque la ayuda de un colega o, mejor aún, permita que el asistente de su oficina haga una parte del trabajo. Tenga cuidado, sin embargo, al delegar poder. Asegúrese de tomar las decisiones críticas y de supervisar el progreso de cualquier tarea delegada.

4. Sin preocupaciones

Estas personas no ven ninguna razón para hacer una tarea en particular en el momento propuesto. Sienten que hay tiempo suficiente para hacer el trabajo.

¿Recuerdas cuando necesitabas escribir un informe de la universidad para una excursión, y la experiencia de este ejercicio te animó a planear el siguiente? Lo que pasó es que pasaste mucho tiempo fantaseando sobre el próximo viaje, pero no para escribir el informe. Por lo tanto, el tiempo destinado a la tarea crítica de preparar la descripción se utilizó para otra cosa que podría no ser tan importante en la actualidad.

Una fracción de este grupo cree que son más eficaces cuando la fecha límite está cerca. Por lo tanto, se sienten presionados para dar lo mejor de sí mismos en la última hora.

Escapando de la despreocupación
- Hacer estadísticas para aritmética

Puede que no estés familiarizado con este principio. Es muy sencillo. Ya que realmente no ves una razón para hacer la tarea más crucial en este momento, trata de aplicar el mismo principio a lo que hubieras hecho en ese momento. Trate de posponer sus actividades llenas de diversión. Experimentar con esto le dará otra sensación de urgencia para emprender tareas.

- Contar los efectos

Puede que tengas que ser sincero contigo mismo: Lo que realmente quieres es diversión. ¿Pero cuánto te ha costado esta diversión? Piensa en un mayor sentido de logro que habrías tenido si no hubieras empujado la tarea hacia el futuro. No hay nada malo en intentar algo bueno, así que inténtalo.

- Examine sus desencadenantes

Puede que no seas consciente de que la fuente de tu dilación no eres tú, sino lo que haces en algún momento. Su entorno puede ser un desencadenante. Haga un breve examen de las cosas que hace y vea si puede hacerlas de otra manera. Aplique el mismo principio también para sus tareas. Puede que le interese descubrir qué es lo que le empuja a postergarlo.

5. El fantaseador

Si usted pertenece a este grupo, significa que ha pasado mucho tiempo teniendo planes pero no ha dado ningún paso constructivo para lograrlo. Parece bastante fácil hablar de leer cinco capítulos de un libro al día. De hecho, usted podría haber iniciado toda esta idea y haberla comentado a sus colegas, pero la etapa de presentación fue el último esfuerzo realizado para lograrlo. Comprender que una acción propuesta sin una estrategia constructiva sigue siendo una fantasía.

Salir del fantaseador
- Entender el establecimiento de metas

Empezar con un plan no es un movimiento equivocado, sólo que el enfoque para lograrlo debe ser explicado con precisión. El establecimiento de metas requiere el compromiso de no rendirse ni siquiera ante las distracciones. Tendrá que tomar en serio todas las sugerencias que se dan en el Capítulo Cinco de este libro.

- Empieza de a poco

No hay necesidad de apresurarse para llegar a la altura que siempre ha imaginado. Tómese su tiempo para hacer su tarea. Recuerde que lo que usted quiere lograr no vendrá automáticamente.

- Seamos realistas

Deje de perder el tiempo en lo que no se puede lograr. Si lo que siempre has planeado hacer es poco realista, es hora de acortarlo y volverlo real.

10 must know hacks para la motivación de soplar la mente

La excelencia es algo en lo que hay que pensar cuando se trata de alcanzar objetivos. Muchos factores necesitarían atención para actualizar esto, y uno de ellos es la motivación. La motivación es la fuerza que te hace seguir adelante ante los desafíos y las distracciones. Para alcanzar sus objetivos, tendría que seguir moviéndose para mejorar su nivel de productividad y aumentar su rendimiento.

1. **Comenzar poco**

   Un gran asesino de los logros es cuando no te ves haciendo más, especialmente de la manera en que lo has fantaseado. No sería lo que pensabas. Entienda que lo que más debe importarle cuando está comenzando algo nuevo es el progreso.

   Puede parecer agotador porque usted siente que no se está moviendo al mismo ritmo que los demás. Eso también podría ser otro error. Este eres tú haciendo lo tuyo, así que no tienes ninguna obligación de trabajar a la velocidad de nadie.

Comprobar el progreso de otras personas debería inspirarte a hacer más, no a esclavizarte al arrepentimiento.

La realidad de un objetivo a largo plazo es que requiere un largo período de tiempo para ser alcanzado. Así que tómalo con calma y firmeza hasta que finalmente cumplas tus objetivos. No necesitas preocuparte.

2. **Identificar un propósito fuerte**

No se debe emprender nada si no se ha delineado la intención. Es necesario porque esto le servirá de recordatorio en cualquier momento en que quiera rendirse. Su propósito debe ser firme y esencial para usted. Esta seguridad es lo que sostiene tu fuerza de voluntad.

Su intención podría provenir de sus experiencias durante su infancia, el establecimiento de metas, la elección de carrera, los antecedentes familiares, y así sucesivamente. Sea lo que sea, debe ser convincente para ti. Tenga cuidado de no dejarse seducir por los factores ambientales. No tome medidas porque esa es la tendencia en su entorno inmediato. Asegúrese de que lo ha pensado muy bien y que está listo para pasar por ello.

3. **Diseñe una estructura para sus metas**

Necesitas diferenciarte de los demás. Recuerda que tus intenciones tienen una fecha límite, así que nada debería distraerte de cumplirlas. Cree una guía que le ayudará a concentrarse. Puede ser un esquema expreso de sus objetivos o una imagen que contenga lo que desea lograr. Hacer esto trae claridad de propósito. Entonces, usted sabe todos los insumos/recursos necesarios para lograr el éxito.

Con una estructura, usted podrá seguir su progreso en todo momento. No te cansarías de lograr un resultado sobresaliente porque tu progreso es evidente. Tener una estructura bien definida te hace avanzar en los detalles esenciales. Es un modelo seguro de motivación.

4. Añada diversión a su tarea

A nadie se le anima a hacer más cuando todo parece tedioso, especialmente cuando se trata de una tarea rutinaria. Posicione su trabajo como parte de su vida que merece felicidad. Y una excelente manera de mantenerse feliz mientras hace su trabajo es cuando le agrega diversión. Usted no tiene que ser rígido aquí, y su trabajo puede no ser necesariamente un placer.
Además, no olvide que la disciplina no debe ser un cordero para sacrificar por placer. Reproduzca su lista de reproducción favorita mientras escribe y disfrute del ritmo. También puede decidir charlar con su colega durante su descanso. Hable abundantemente sobre lo que hace que el trabajo sea interesante.

5. Cuida de tu tribu

La tribu aquí significa gente de la misma clase. Podría ser un colega que ha decidido seguir el mismo camino que usted. Es posible que haya decidido escribir una reseña para cinco revistas internacionales sobre un tema en particular. Revise a alguien a su alrededor que haya tomado la misma decisión que tú.

Te sentirás más inspirado porque estás seguro de que no estás solo en este viaje de éxito. Ver a la(s) otra(s) persona(s) crea una mentalidad de competencia. Diviértete más cuando te reúnas con ellos desafiando tus habilidades. Su objetivo aquí no es sentirse incómodo aunque no cumpla con el objetivo que se le ha asignado. El espíritu de trabajo en equipo debe hacer que te pongas en marcha.

6. **Evite los pensamientos negativos**

Naturalmente, diversas ideas fluirán a través de su mente, ya sea que lo esté haciendo bien o no. Pero puedes tamizar lo que se te ocurra. Controla lo que domina tus pensamientos, especialmente los negativos. Una mejor manera de mantener buenas ideas es tener afirmaciones positivas cada vez que una mala destella en tu mente. Usted podría estar pensando en no lograr la tarea porque se siente incapaz. Dígase a sí mismo que "No soy deficiente en habilidades, tendré resultados productivos y sobresalientes".

7. **Conozca más**

Haga la tarea usted mismo para aprender sobre una tarea en particular. Lo bueno del conocimiento es que te hace ir más allá de las expectativas. Mucha gente ha pasado por lo que estás pensando hacer. Lea sobre ellos. Aprenda los diferentes desafíos que enfrentaron y cómo los superaron. La lectura de sus historias le permitirá tener una amplia experiencia, ya que no lo dejarán ser víctima de las circunstancias. Lea periódicos, revistas y blogs; vea videos y déjese inspirar por sus descubrimientos.

8. **Ver a un profesional**

Su trabajo es guiarlo a través de las sesiones extraordinarias. Su objetivo aquí no es limitarse a lo que escucha. Un encuentro con los expertos hace que el trabajo sea más personal. Podrás relacionar tus miedos, frustraciones y desafíos con una mente abierta. Al final del día, usted debe haber sido responsabilizado por el abogado de procedimiento. También puede mejorar sus habilidades de liderazgo con un profesional. Y si el éxito de lo que usted quiere es una prioridad, no piense en el costo que implica buscar la ayuda de un profesional.

9. **Retroceda con frecuencia**

Trabajar de forma inteligente es la clave para un resultado de trabajo exitoso. Usted no tiene que quedarse atascado en una tarea por mucho tiempo sólo porque quiere encontrar una solución. Restaure sus capacidades mentales tomando descansos. Su salud es más valiosa cuando necesita ponerse en marcha. Usted estará de acuerdo en que es menos productivo siempre que pase más tiempo del necesario. Puede que estés intentando diseñar la portada de un libro, pero parece que los puntos no están conectados. Deja el trabajo por un tiempo. Dé un paseo por la calle o navegue por Internet. Durante ese período de descanso, su cerebro y otras partes de su cuerpo se refrescarán, dejándolo mejor que antes.

10. **Vivir saludablemente**

Nadie puede cuidarte mejor que tú. Esté atento a los alimentos que aportan nutrientes. Usted podría considerar comer vegetales y frutas, dependiendo de su dieta. Tomar agua con frecuencia es bastante saludable. El enfoque aquí es que tu cuerpo físico debe ser capaz de sostener cada actividad que intentes hacer. Vivir en la enfermedad es suficiente desánimo para realizar cualquier tarea.

La mentalidad fija frente a la mentalidad de crecimiento

El tema de la mentalidad es importante porque lo que hacemos y pensamos determina nuestro nivel de productividad y nuestra tasa de éxito. La mentalidad es la colección de ideas (que provienen de la experiencia personal, ambiental, cultural y espiritual), suposiciones, creencias y pensamientos que se sostienen para convertirse en una parte constituyente de la inclinación, las interpretaciones, la disposición y el hábito mental. Por lo tanto, es crucial dominar el arte de la mentalidad, tanto para uso personal como profesional. El efecto de la mentalidad se muestra a nivel de comportamiento y crea una perspectiva rígida sobre la vida en general.

La mentalidad fija

Como su nombre lo indica, una mentalidad fija sostiene que los atributos de la vida diaria son rasgos estáticos, y por lo tanto no pueden ser modificados. Las personas con esta mentalidad se centran más en lo que pueden hacer impulsados por su inteligencia, habilidad y talento. Cualquier esfuerzo que lleve al éxito no es una opción para ellos. De alguna manera, sólo avalan su talento en lugar de adoptar estrategias para mejorarlo y construirlo. Puede que hayas visto a gente que se ha limitado en el alcance del rendimiento; los que ya tienen una perspectiva de "No puedo cambiar".

Un ejemplo de alguien con una mentalidad fija es aquel que cree que es un atleta porque puede correr hasta cierto punto. La mentalidad se conocerá durante las sesiones de entrenamiento. Si insiste en que no puede batir el récord de la pista, sino que sólo puede mantener su actual racha de rendimiento, probablemente sea susceptible a tener una mentalidad fija.

La mentalidad fija no ve oportunidades para mejorar en lo que hacen, y no se esfuerzan por mejorar. Es posible que se haya encontrado con personas que son dogmáticas sobre el uso de algunas instalaciones modernas sólo porque fueron criadas por sus abuelos, y deben haber sido mal informadas. Siempre que hay algún cambio, entonces no es para ellos.

También, considere cuando se le enseña a un estudiante cómo resolver un problema particular en Matemáticas. Si el facilitador agrega variables a la pregunta, entonces explicarla convencionalmente se convierte en un problema (algo en lo que una mentalidad fija se dará por vencida porque pensó que al revés era la mejor manera de resolverlo), entonces, se da por vencido.

Podría haber aceptado su debilidad al no conocer el problema y luego buscar una manera de evitarlo. El cambio en la pregunta ya suponía una amenaza para él, y se sentía impotente, y esa era razón suficiente para darse por vencido. Si se le preguntara por qué se rindió, será fácil señalar a alguien más, ponerse a la defensiva y tomar represalias.

La mentalidad de crecimiento

Una mentalidad de crecimiento acomoda los cambios para mejorar las habilidades y cualidades a través de la perseverancia, la dedicación y el esfuerzo. Las personas con esta mentalidad creen en el desarrollo integral mediante la construcción de fortalezas y habilidades, no sólo donde sienten que tienen la capacidad.

Estas personas entienden que el aprendizaje puede desarrollarse con persistencia. Aunque cuando llega el fracaso, es con el entendimiento de que puede mejorar. Tienen una visión de diferentes posibilidades.

Las personas con una mentalidad de crecimiento son más propensas a trabajar con todo su potencial porque los retos no les hacen parar, sino que ponen más esfuerzo. Por ejemplo, uno de cada cinco estudiantes extranjeros en una clase de alemán tiene dificultades en el idioma. Una mentalidad de crecimiento no se desanimará porque no cumplió con los estándares de los demás, sino que entenderá que sólo necesita dar más esfuerzo. La paciencia será otra cosa para tener en cuenta aquí.

5 consejos para desarrollar una mentalidad que le traiga éxito

1. **Cree una plataforma para aprender algo diferente todos los días**

La dependencia de los rasgos fijos no producirá un resultado de clase mundial. Tómese el tiempo para hablar con un profesional en la línea de su fuerza y habilidad. Siempre hay una mejor versión de tu poder. El experto debe ser capaz de guiarlo eficazmente y de empujarlo a hacer lo correcto en cada momento necesario. Tome el dolor de aprender y hacer algo diferente de su talento todos los días. También puedes considerar leer sobre lo que aprendes en línea o unirte a un amigo que quiera aprender lo mismo contigo.

2. **Amplíe su experiencia de aprendizaje**

Es súper guay escuchar la evaluación de uno mismo de la gente. Pero cuando se convierte en un hábito, hay que tener cuidado. No tienes que concentrarte en conseguir la aprobación de la gente que te rodea. No importa lo que piensen o digan sobre lo que usted hace. Canaliza esa energía hacia el aprendizaje. El aprendizaje debe ser su prioridad y seguir los procedimientos pacientemente. Tenga en cuenta también que la educación es un proceso, y puede que no sea tan fácil como cabría esperar. La experiencia de aprendizaje te mantendrá en marcha para lograr grandes resultados.

3. **Referencia Debilidad**

Debes saber de dónde viene el problema. Puede que sean desencadenantes o sólo tu comunidad de amigos. ¡Basta de excusas para el fracaso y el abatimiento! Acepta tu debilidad reconociéndola. Este será el primer paso para liberarse al mundo del crecimiento.

4. Estar abierto a diferentes eventualidades

Definitivamente vendrán desafíos, pero hay que estar preparado para ellos. Prepara tu mente para ver la bondad en cada dificultad. Aprenda a sopesar sus opciones. Considere siempre la posibilidad de utilizar el término "qué pasaría si". Usted podría haber decidido leer durante tres horas al día, pero parece inalcanzable. Haga preguntas y cuestione su rutina. ¿Qué pasa si no he estado siguiendo a mi guía? ¿Qué pasa si necesito ser más específico? ¿Qué pasa si necesito descansar? ¿Qué pasa si reviso mi dieta? ¿Qué pasa si leo sobre personas que han hecho lo mismo?

5. Reflexione diariamente

Usted debería estar a cargo de decirse la verdad. Tenga tiempo para meditar acerca de su curso de acción. Puede que le resulte interesante hacer esto por la noche cuando haya terminado con el trabajo del día. Analice los pensamientos que le han limitado a tener un desempeño inferior y cómo puede superarlos.

CAPÍTULO TRES: CÓMO HACER EL TRABAJO

La productividad implica muchas cosas, y una de las más importantes es conseguir que las cosas se hagan. Por muy fácil que parezca, muchas personas todavía tienen problemas para hacer las cosas en el momento adecuado y de una manera completa.

Aquí es donde entra en juego la comprensión de la productividad. Ser productivo es entender consejos y técnicas y saber cómo aplicarlos en consecuencia. La productividad funciona como un sistema, pero no entra en acción.

En este capítulo, los guiaré a través de algunos de estos factores que pueden ayudarlos a ser más productivos. Las técnicas y consejos que les revelaré producirán resultados viables para ustedes sólo si deciden usarlos.

11 técnicas Esenciales para Aumentar Su Productividad
Para entender las formas de construir la productividad, es necesario que uno entienda el significado de la productividad. Son muchos conceptos erróneos sobre el término, y si no se manejan, la esencia de este capítulo nunca se logrará.

En primer lugar, tenga en cuenta que la productividad no sólo consiste en marcar las casillas de la lista de tareas pendientes. Es más que eso. La productividad, en este sentido, consiste básicamente en conseguir que se hagan las cosas correctas en el plazo adecuado y de la manera más eficaz posible. Tener el sistema perfecto para ayudarle a aumentar la productividad es muy necesario tanto para su vida laboral como para su vida familiar. Definitivamente, usted se mantiene a la vanguardia cuando entiende los mecanismos que impulsan la productividad.

Los componentes básicos de la productividad son el establecimiento de objetivos realistas y el logro de los mismos paso a paso. Al final de la tarea, usted debería poder preguntarse: "¿He hecho algo significativo con el espacio de tiempo que se me ha asignado? Si la respuesta es afirmativa, entonces hay que felicitarlo. Has sido productivo.

Una de las principales razones por las que las personas fracasan en ser productivas es que tienen demasiadas cosas que hacer. Ser capaces de seleccionar las tareas correctas para ti y realizarlas, es una habilidad muy especial e importante que debes aprender. Hay muchas más técnicas que son muy importantes cuando se trata de ser más productivos, y voy a explicarles algunas de ellas. Siga estas técnicas de cerca y observe cómo la productividad da un gran salto en su vida.

1. La Matriz de Eisenhower

Definitivamente necesitarás un bolígrafo y papel para estas técnicas porque tendrás que dibujar un cuadrante. Los dos primeros cuadrantes en la parte superior de los cuatro cuadrados serán marcados como "muy importantes". Los dos siguientes de abajo serán etiquetados como "menos importantes". Pero los dos primeros cuadrantes del lado izquierdo se marcarán como "urgentes", mientras que los dos siguientes de la derecha se marcarán como "menos urgentes"."

Después de esto, puede empezar a ordenar todas sus tareas en las casillas. Hay algunos que caerán en la categoría de "muy importantes" pero "menos urgentes". Otros serán "muy urgentes" pero "menos importantes". "Se trata de entender cómo colocar cada tarea. Cada tarea que caiga en "muy importante" y "muy urgente" debe ser la que usted enfrentará rápidamente. Esos definitivamente tienen mucho peso. Por otro lado, los que caen en "menos urgentes" y "menos importantes" son los que se pueden dejar para más adelante.

Asignar sus tareas en todas estas casillas le ayudará en la toma de decisiones.

2. La regla 80/20

La idea de la regla 80/20 proviene de un modelo de negocio. Lo que significa que el 80% de todas sus ganancias provienen de menos del 20% de sus clientes y socios comerciales. Con eso, es necesario que sepas cómo tratar este 20% para que se queden y te sigan proporcionando el 80% de tu beneficio.

Traiga eso a su vida diaria y vea cómo se traduce. Fíjese en que sólo unas pocas cosas que usted hace realmente tienen un gran impacto en su vida. Menos del 20% de sus actividades diarias son suficientes para tener una influencia real en su vida durante un largo período de tiempo. Sería lógico que se prestara especial atención a ese 20 %, de modo que se pueda generar un impacto más significativo.

3. Las cinco áreas de especialización

Este concepto fue desarrollado por el CEO de Stack Overflow, y sus conceptos animan a que una persona nunca debe tener más de cinco actividades en su lista de tareas por hacer en cualquier momento. Mantenga sus listas cortas y trate de lograr todo lo que está en la lista con un período corto de tiempo para que pueda agregar más actividades a la lista y seguir adelante. Deberías estar trabajando en al menos dos actividades de tu lista, las dos siguientes deberían estar en cola, y la última debería ser una tarea secreta que sólo tú conoces, algo a lo que debes haberte desafiado a hacer.

4. Ejercite su cuerpo y mente

El ejercicio libera su cuerpo y lo prepara para funcionar. El ejercicio en esta forma no sólo tiene que ver con el cuerpo sino también con la mente. Mientras que el cuerpo se beneficia del ejercicio físico, la mente se beneficia del ejercicio mental. El ejercicio mental le ayuda a abrir su mente y permitir que su imaginación se desborde, lo cual es muy beneficioso para su productividad.

5. Un descanso le ayudará

Algunas de las personas más productivas entienden el poder de los descansos. No sólo ayudarán a que su cuerpo se relaje y sienta nuevas formas de relajarse y hacer las cosas, sino que también le permitirán a su mente reorientar sus planes. ¿Ha notado cómo las mejores ideas llegan a usted cuando se ha olvidado por completo del trabajo? Sí, ese es tu cerebro trabajando por su cuenta, sin ser molestado por el estrés de tu mente persuasiva y ansiosa. En lugar de trabajar durante mucho tiempo, fije un temporizador y haga las cosas en pequeños pedacitos. Se acumularán en una gran historia de éxito.

6. Evitar la multitarea

Hay personas que han optimizado sus cuerpos y mentes para la multitarea. Es bastante fácil para ellos. Eso rara vez es habilidad. Nadie dice que no puedes aprenderlo, pero no juegues con él todavía. Tómate tu tiempo para estudiarte y descubrir lo bueno que eres con la multitarea. Lo más probable es que no seas muy bueno, así que lo mejor es que no te aventures allí. Nada mata la productividad más rápido que una persona que intenta hacer varias tareas a la vez. Y en el sentido real de las cosas, la multitarea es una forma de distracción. Su mente permanece dividida durante todo el proceso. Concéntrese en un trabajo a la vez y vea hasta dónde puede llegar con eso.

7. Ama las cosas que haces

Esto no es fácil de hacer, especialmente para las personas que se han encontrado en trabajos con los que no están contentos. Si no eres feliz, significa que no amas lo que haces, lo que te lleva a la frustración. Si no estás contento, es mejor que te vayas y encuentres algo que te dé satisfacción. La verdad es que difícilmente puedes ser productivo haciendo algo que no amas. Si lo amas, tu mente ya no lo verá como trabajo, y te será más fácil realizar dichas tareas.

8. Estrangula tus distracciones

Deshacerse de las distracciones flagrantes es la clave para aumentar la productividad. Cada entretenimiento en su vida está ahí para reducir su nivel de productividad. Una vez que usted entienda esto y trate con ellos directamente, será más fácil superarlos a medida que lleguen. Dígale a su mente que se concentre en lo esencial y que no mire de reojo a lo que no es esencial. Lo curioso es que tu mente te obedece y le gusta terminar las tareas pendientes.

Encuentre un lugar tranquilo donde pueda trabajar, un lugar donde esté seguro de que no se distraerá. Este es el primer paso para lidiar con las distracciones. Si usted ha creado una lista, entonces dígase a sí mismo que no habrá diversión para usted hasta que haya logrado más o menos tres cosas en esa lista. Dividir nuestras tareas en partes más pequeñas siempre ayuda.

9. Completar las tareas más importantes a primera hora de la mañana

El mejor momento para completar sus tareas más intimidantes es temprano en la mañana cuando su mente está más vibrante y lista para realizarlas. No posponga su tarea hasta que se haga tarde, y entonces se encontrará apresurando la tarea para completarla. Empiece antes de que su mente comience a aflojar y observe su progreso incluso antes de que el día transcurra a mitad de camino. Completar las actividades más agotadoras temprano en la mañana le dará a su mente y cuerpo una especie de empujón positivo para seguir esforzándose más.

10. Crear un programa

No te precipites sin un plan. Un horario le ayudará a agilizar sus actividades y a mantenerlo más enfocado mientras ayuda a eliminar las distracciones. Pero no olvide crear tiempo para el descanso y el placer en su horario. De lo contrario, nunca será viable. Tómate horas enteras para calmarte y reponer tu mente.

11. Recompénsese a sí mismo

Si ha logrado algo que lo califica como productivo, entonces debe recompensarse a sí mismo. Su recompensa puede venir en cualquier forma, pero asegúrese de que sea algo que disfrute, algo que se agradezca a sí mismo. Tener las recompensas establecidas te dará algo que esperar para pedirte que intentes completar la tarea lo más rápido posible.

10 secretos detrás de la productividad según los multimillonarios del mundo

No hay mejor lugar para recibir consejos que el de los mejores de los mejores, algunas de las personas más productivas del mundo son multimillonarios. No es fácil controlar tu entorno, pero puedes aprender a hacerlo, y esto es algo en lo que los multimillonarios son muy buenos haciendo. Deberías sentarte e intentar aprender de ellos.

El mundo tiene más de 1500 billonarios, y la mayoría de ellos son bastante efectivos en la gestión del tiempo y la productividad. No te lo tomes a mal. Esta gente vive el mismo tipo de vida que tú. Reciben miles de correos electrónicos cada día que requieren ser clasificados. Tienen miles de empleados en sus nóminas, y también tienen que tomar muchas decisiones todos los días. ¿Alguna vez se ha preguntado cómo se las arreglan para mantenerse en la cima y lograr tanto en tan poco tiempo? ¿Cómo eligen las cosas que son importantes y las que se pueden dejar para más adelante? Son hombres y mujeres que han construido sus sistemas de riqueza de tal manera que reciben más de 5.000 dólares al día. Y la productividad es algo con lo que no bromean.

Aquí están algunos de los puntos más destacados que enumeraron como algunos de los más importantes:

1. **No tienes que estar en todas partes**

El difunto Steve Jobs declaró que para aumentar su productividad, pasaba mucho tiempo racionalizando el número de reuniones y lugares en los que tenía que estar al día. Algunos otros multimillonarios declararon que no hay necesidad de asistir a una reunión o de estar en un lugar si estás seguro de que no vas a ganar mucho dinero con ello. Es más importante que usted delegue a alguien para que vaya en su nombre en lugar de presentarse en el lugar de la reunión. La mayoría de los multimillonarios de alto perfil han descrito la mayoría de las reuniones como una pérdida de tiempo con la gente hablando de cosas irrelevantes.

2. **Simplifique su calendario**

Su calendario aquí se refiere a su horario. La mayoría de los multimillonarios aconsejan que la gente aprenda a mantener su calendario simple y descongestionado. En lugar de tener cientos de cosas que hacer en una semana, trate de escoger unas pocas que se puedan hacer en esa semana y deje el resto para la semana siguiente. No es bueno tratar de llenar tu horario con muchas cosas y no lograr ninguna de ellas a largo plazo.

3. **Identifique el lugar donde se desempeña mejor**

Todos somos diferentes, y todos tenemos diferentes psicologías. Debido a esto, las áreas en las que tenemos más probabilidades de rendir mejor difieren de una persona a otra. Encuentra tu lugar y apégate a él. ¿A qué hora del día se desempeña mejor? ¿Cómo debe ser un entorno antes de entrar en la zona de trabajo? Para algunas personas, un ambiente ruidoso es el lugar ideal para trabajar. Para otros, será un ambiente silencioso y muy aislado donde entrarán en contacto con muy pocas personas.

Una vez que averigüe qué es lo que mejor funciona para usted, constrúyalo y mejore ese entorno. Algunos multimillonarios tienen salas de pensamiento incorporadas en sus casas donde se sientan y piensan durante horas y horas; otros viajan a lugares muy apartados donde pueden comunicarse mejor consigo mismos. Y todo esto produce resultados maravillosos para diferentes individuos, especialmente cuando se practican de la manera correcta.

4. Concéntrese en las metas más importantes

Hay metas, y hay METAS. La clave aquí es no permitir que otros objetivos menos importantes le impidan alcanzar los principales objetivos importantes. Las personas que logran mucho saben cómo establecer las metas más importantes y enfrentarlas como si sus vidas dependieran de ello. Esto no quiere decir que ignores tus otros sueños. En su lugar, manténgase enfocados en los grandes, aquellos que tendrán el impacto más positivo en su vida en el menor tiempo posible.

5. ¿Qué tan bien lo estás haciendo?

Los multimillonarios son personas a las que les encanta seguir su proceso en cualquier proyecto. Nunca se hace nada porque sí. Ellos viven su vida intencionalmente y aman seguir todas esas intenciones y ver el éxito. Se aconseja que cree métricas con las que pueda utilizar para determinar el nivel de rendimiento. Sus métricas pueden ser el uso de un pequeño libro para escribir todo lo que logre o el uso de software o aplicaciones que le ayuden a rastrear el proceso. Con un proceso totalmente controlado, usted podrá ver y mejorar sus resultados.

6. Aproveche a todas las personas que le rodean

Las personas que te rodean son algunos de tus recursos más importantes. Los multimillonarios siempre han aconsejado a la gente que sea más consciente de las personas que los rodean. Si usted es el tipo de persona a la que le gusta trabajar por su cuenta y dejar fuera a otras personas, entonces debería aprender a hacer algunos ajustes en su vida. Siempre hay gente alrededor que puede hacer su vida más exitosa, y usted debe maximizarla. Los multimillonarios básicamente reportan que reclutan gente para ayudarles a alcanzar sus sueños e ideas. Llegar a utilizar a la gente es crear más tiempo para ti mismo. El trabajo se hace más rápido en menos tiempo. El mayor problema está en encontrar gente competente; pero una vez que pueda escalar eso, tendrá el tiempo más productivo de su vida.

7. **La tecnología está ahí para usted**

Los multimillonarios de renombre en todo el mundo son conocidos por su amor por la tecnología. Mira lo que Facebook hizo por Zuckerberg. Mira a Steve Jobs, Bill Gates y otros seleccionados. A veces la tecnología es su mejor opción. La tecnología lo hace más fácil y rápido.

La automatización puede funcionar en cualquier negocio siempre y cuando usted pueda descubrir una manera de introducirla en su negocio para ayudarle a trabajar mejor. Todo lo que tiene que hacer es asegurarse de que ya tiene un sistema de trabajo eficiente antes de incorporar la tecnología a su trabajo. Si no es así, puede que termines confundiéndote y no logrando nada.

8. **Cree hábitos que ayuden a su productividad**

Los multimillonarios son gente de práctica; saben cómo construir hábitos positivos que les ayudan a ser más productivos. Algunos de ellos son conocidos por ser personas que madrugan; otros, por ser animales nocturnos. Los multimillonarios saben cómo desarrollar los hábitos perfectos para ayudarles a ser más productivos.

9. Fijar el tiempo para el trabajo más importante

Recuerde que la actividad no es igual a la productividad. No te dejes ahogar por el ajetreo de la vida. Debe haber un tiempo fijo en el que usted lleve a cabo la mayor parte de sus actividades. Los multimillonarios productivos saben que hay que reservar un tiempo especial para realizar los trabajos más importantes. Durante este tiempo, no habrá llamadas, ni correos electrónicos, ni internet. Sólo tú y el trabajo estarán frente a ti.

10. Reconozca sus oportunidades

Los billonarios productivos tienen los ojos más adecuados para calcular las mejores oportunidades que deben ser maximizadas. Estarás tentado a tomar todas las oportunidades viables que se te presenten, pero no todas las oportunidades son para ti. Tómese su tiempo para revisar todas las oportunidades que se le presenten y encontrar las que mejor se adapten a sus habilidades y personalidad.

5 estrategias de gestión del tiempo para hacer más en menos tiempo

Hay algo sobre el manejo del tiempo que usted necesita saber: El tiempo no se puede gestionar. En su lugar, sólo puede gestionar los eventos que ocurren dentro de un período de tiempo, dando la ilusión de que se ha gestionado el tiempo. A cada uno de nosotros se nos ha proporcionado la misma cantidad de tiempo, que es de 24 horas al día y 7 días a la semana, y así sucesivamente. Entonces, la pregunta ahora es, ¿cómo puede encajar todas sus actividades en este período de tiempo para que usted salga con la máxima satisfacción y siga siendo productivo?

Con este entendimiento, también es necesario que usted note que el tiempo es también una mercancía. Se puede vender y comprar. También se puede presupuestar, y se puede usar con sabiduría y sentido común. Otra cosa es que la gestión del tiempo es un arte que se puede dominar.

Las estrategias de gestión del tiempo se ven afectadas por diferentes factores cuando son aplicadas por diferentes individuos. La personalidad, la voluntad de logro y el nivel de disciplina son algunos de los factores que pueden afectar la capacidad de una persona para manejar el tiempo. Estas estrategias han sido probadas a lo largo del tiempo para ayudar a las personas a administrar su tiempo. Practíquelos y observe cómo cambian su vida.

1. **Organícese**

La desorganización y la mala gestión del tiempo van de la mano. Donde uno está presente, el otro se manifiesta. Deshazte de cualquier forma de desorden que pueda haber asediado tu vida para que el tiempo sea gastado más sabiamente.

Hay maneras sencillas de lograr la organización y una vida decadente. Hay miles de recursos en Internet que pueden ayudarle, pero la manera más sencilla de salir es aprender cuándo dejar ir las cosas. Sepa qué guardar y qué dejar. Tenga en cuenta que el desorden al que se hace referencia no sólo tiene que ver con el desorden físico diario. También está el desorden mental y el desorden digital. Todos ellos tienen una forma de ralentizarlo y reducir su capacidad para manejar el tiempo.

Para deshacerse del desorden mental, asegúrese de que su mente se mantenga clara tanto emocional como psicológicamente. Una mente inestable es una distracción, que a su vez te priva de la concentración. El desorden digital, por otro lado, mezclará sus archivos, lo que le hará pasar horas buscando un documento. Trata con todo esto individualmente y regresa tu vida a la estabilidad.

2. **Identificar y tratar con los que pierden el tiempo**

La gestión de la productividad y el tiempo se ve afectado por una gran cantidad de factores externos controlados por las personas y las circunstancias de la vida en un momento dado. Estos factores son algunas de las principales causas de pérdida de tiempo, ya que tienen una forma de afectarle sin su conocimiento. Todo lo que pasa es que con el tiempo, descubres que te has perdido algo en alguna parte. Pero usted tiene el poder de aumentar o disminuir su efecto de tal manera que ya no son capaces de perder su precioso tiempo. Algunos de estos factores que usted debe tener en cuenta incluyen:

- Visitantes o invitados no invitados
- Mensajes de correo electrónico y cartas sin importancia que deben ser contestadas
- Internet (medios sociales)
- Relaciones
- Pequeños placeres

3. ¿Vale la pena tu tiempo?

Tómese unos minutos y trate de hacer un balance de su tiempo. ¿Cuánto vale para ti? Si vale algo, ¿cómo puede traducirse en productividad? Una vez que haga esto, usted encontrará por sí mismo un sentido de comprensión de que su tiempo debe ser gastado sabiamente debido a su valor. Cuando no se identifica el valor de una cosa, es fácil que se abuse de ella y se haga un mal uso de ella. Cree valor para su tiempo y no permita que ese valor se reduzca nunca. Si va a distraerse durante 15 minutos, debería poder determinar cuánto ha perdido durante esos 15 minutos. Con eso en su lugar, usted será capaz de organizar su mente y conseguir que usted mismo actúe.

4. Cuídese a sí mismo

Cuidarse a sí mismo es una de las principales formas de evitar perder el tiempo. Tómese un tiempo para relajar su cuerpo, su mente y su alma. Mantener su cuerpo y mente en su mejor forma le ayuda a realizar las tareas incluso más rápido de lo normal. Averigüe a qué hora del día su cuerpo se desempeña mejor y maximice esos períodos de la mejor manera posible.

El mal manejo del tiempo puede manifestarse como resultado de la fatiga corporal y la enfermedad. La depresión también puede causar que usted posponga actividades importantes, y es por eso por lo que su salud mental también debe ser revisada de vez en cuando. Tómese un tiempo para descansar su mente y recompensarse siempre que esté seguro de que ha logrado algo notable.

Debe haber un equilibrio saludable en su vida entre su trabajo y su familia. No puede haber ninguna forma de productividad real sin este equilibrio. En cambio, usted pasará mucho tiempo pensando que es productivo en el trabajo mientras su vida personal experimenta el fracaso.

5. Un necesario sentido de urgencia

Tener un sentido de urgencia es entender que no hay espacio para perder el tiempo. Es entender que la velocidad es necesaria cuando se presenta una oportunidad. Desarrollar la capacidad de tomar medidas y de tomarlas rápidamente. Una cosa es tomar la acción correspondiente y otra es tomarla antes de que sea demasiado tarde. Una cosa que diferencia a los que logran sus objetivos de sus opuestos es su capacidad para tomar las medidas adecuadas en el momento adecuado.

CAPÍTULO CUATRO: AGUDIZAR EL ENFOQUE

La conciencia es algo que hay que recordar cuando aprendemos a concentrarnos, ya sea en objetivos personales o en tareas asignadas. Es una de las herramientas que los líderes consideren para lograr una participación masiva de éxito. El comienzo de esta conciencia posiciona a los líderes para dirigir la atención de las personas que los siguen. Para sostener este crecimiento, el líder debe enfocarse en su cuidado.

Primero debemos saber que enfocarse va más allá de filtrar las alternativas mientras se presta atención a una. Uno podría concentrarse de diversas maneras y para diferentes propósitos para seguir un curso disponible. Ser un líder aquí no significa necesariamente que usted lidere en una posición de autoridad, y no es empujado a la idea de serlo. Nuestra prioridad es asegurarnos de que usted lleve una vida adecuada para sí mismo.

Recuerda que hay un mundo más grande al que prestar atención; esas cosas que te conectan con el mundo. La gente que te sigue (compuesta por personas con las que trabajas o para las que trabajas, por las que eres mentor y por las que eres responsable) también merece atención, y por último, a ti mismo.

Los problemas de los que usted se queja a menudo pueden provenir de la distracción, o tal vez de la multitarea. Con cosas que van desde reuniones hasta el horario de trabajo, revisiones y presentaciones consecutivas, y finalmente de nuevo a la supervisión, observe cómo cada día se ha convertido en una montaña de trabajo. Y apenas podías tener tiempo para ordenar tus pensamientos. Este programa sería razonable si usted está 100% seguro de su tasa de éxito y podría no necesitar un replanteamiento. Pero a la larga, puede que te desmorones mental y físicamente.

14 EJERCICIOS PARA DESARROLLAR UN ENFOQUE AGUDO COMO UNA NAVAJA DE AFEITAR

Comencemos con esas pequeñas tareas diarias que a menudo consideráis de poca importancia. Espere ver un cambio a medida que realiza los ejercicios con el máximo valor. Este será el gran avance para sostener el éxito de las actividades.

1. **Conozca su estructura de trabajo**

    Aumente su tasa de enfoque al entender los detalles del trabajo. Haga preguntas sobre lo que no esté claro. Reúnase con su supervisor o su superior directo y haga aclaraciones. Es posible que desee solicitar un registro de una tarea de este tipo que ya se haya realizado anteriormente.

    Su enfoque ahora será más preciso, ya que puede comprender cada fragmento de sus horarios de trabajo.

2. **Arregle su escritorio**

    Este ejercicio se ocupará de todas las distracciones que puedan surgir del desorden. Imagine que su mesa está llena de informes incompletos, documentos de seminario, actas y otros documentos oficiales relevantes. Lo que pasa es que cada vez que los ves te da ansiedad y preocupación. El miedo tiende a arrastrarse.

    Arregla o reordena tu escritorio según sea el caso. Mantenga los documentos en su orden de prioridad y gane algo de paz para su mente. Esta acción le permitirá ser consciente de lo que es más significativo en este momento, y serán conscientes de ello.

3. **Estire su cuerpo**
   La capacidad mental no está aislada de nuestros componentes físicos. Sus manos, piernas e incluso cuello juegan un papel importante en la mejora de su nivel de productividad. Nótese que no estoy negando otras partes de su cuerpo; tampoco subestimo sus funciones. Nuestra atención aquí es el papel que cada una de las partes de su locomotora juega en la revitalización de su cuerpo.

   Practique girar los dedos uno tras otro en el sentido de las agujas del reloj. Usted necesita ser cuidadoso y gentil con este ejercicio para no lastimarse. Continúe la rotación durante cinco minutos y preste atención al movimiento constante que está haciendo. Fijen su mente en todo lo que noten, desde el sonido de las dos primeras rotaciones hasta el flujo desigual del hueso de la punta. Usted podría ver sus venas y cómo su muñeca tiende a moverse con el dedo que gira. Tómese su tiempo para hacer esto con todos sus dedos, con su mente enfocada en el movimiento.

   Usted podría extender esta práctica a su mano también. Estire y mantenga la mano quieta durante unos 12 segundos y fije la mirada en el brazo extendido. Es posible que usted también quiera probar estirar otras partes de su cuerpo. Sólo asegúrate de prestar atención a todo lo que haces.

4. **Un estudio de tres minutos de un insecto**
   Los insectos están en casi todas partes. Los buenos lugares para disfrutar de este ejercicio serán en su jardín y en un parque. Camine hasta un parque y siéntese debajo de un árbol. Mira de cerca la corteza del árbol. Seguramente verás un insecto. Puede ser en el césped o en las ramas de una flor/planta.

   Acérquese al árbol o a la planta pero no demasiado; asegúrese de mirar a su alrededor para no molestar a otros insectos. Estudiar el movimiento de los insectos. Ponga mucha atención al lugar donde comenzaron su viaje. Usted podría tener la suerte de verlos llevar partículas (si caminan con sus amigos y vecinos) de un lugar a otro.

Su enfoque mejorará si usted puede escoger un insecto de entre muchos y usar su vista para monitorearlo durante 3 minutos. Este período de atención puede parecerle largo debido a su movimiento, semejanza, estructura corporal y color.

5. **Estudio de la botella de colores**

Todo lo que necesitas para este ejercicio son botellas de diferentes colores. Puedes tener una mezcla de frascos de plástico y cerámica. Colóquelos en una mesa y cree una pequeña distancia de ella. Míralos fijamente todo lo que puedas. Comience con tres colores diferentes que pueden ser una mezcla de sus favoritos. Usted podría tender a enfocarse más en un color que en otros; su objetivo es estar atento a un color específico. Cuanto más conozca la botella de su elección, más se fortalecerá su enfoque.

Siempre que tu mente se aleje de tu tarea, trata de traerla de vuelta lo más rápido posible. También puede anotar los pensamientos que pasan por su mente durante el proceso de este ejercicio.

6. **La música jazz**

El género de esta música puede no ser su elección, pero escucharlo le ayudará a aumentar su nivel de enfoque. Observe que hay una suave combinación de instrumentos musicales para este tipo de música. Su atención debe estar en el tiempo de cada uno de los instrumentos utilizados.

Tu primera tarea es entrar en el ritmo. ¿Cómo te hace sentir la música? Su entorno actual no es su preocupación por ahora, y es por eso por lo que será mejor que haga este ejercicio a puerta cerrada. Lo siguiente que hay que hacer es canalizar tus emociones hacia tus pensamientos. Para hacer esto, traiga sus sentimientos para alinearlos con sus ideas a través de la música. Hay una emoción que sigue al piano, mientras que la batería también es diferente. Sólo fluye con la música y no te alejes.

7. **Ejercicio de olfato**

   Este ejercicio funcionará bien para aquellos que tienen un fuerte sentido del olfato. Pero no deja fuera a todas las demás personas. Cada vez que haya un olor fuerte, trate de ser un detective. Esfuércese por rastrear de dónde viene el olor. Puede ser el olor de un café, un perfume, una flor o incluso una comida. Deje que su cerebro interprete el aroma y disfrute de la sensación que le brinda. Se puede ir más lejos para conocer la intensidad, como en el caso de los alimentos. Es posible que desee determinar si la comida está hirviendo o quemándose.

8. **Informe de la película**

   Tu tipo de película favorita puede ser romántica o de acción. Su enfoque en el cine debe ser en qué tan bien puedes contarle a otra persona sobre la parte más emocionante. Si puedes hacer esto con éxito, entonces muévete un paso más arriba convirtiéndote en la película de la que hablar con un amigo. Hacer esto requerirá una atención más seria que la película. Usted es tanto el actor como el director aquí. Se le pedirá información detallada y específica sobre todo lo que hace y cómo lo hace. Este ejercicio le permitirá comprender sus acciones y lo más probable es que exponga la intención que hay detrás de ellas.

9. **Sienta su pulso**

No se necesitará ninguna herramienta para llevar a cabo este ejercicio. Para que usted tenga éxito en este caso, primero necesita monitorear cómo respira. Ponga atención en cómo inhala y exhala. ¿A qué ritmo? ¿Y en qué condiciones respiras rápido o lento? Usted podría notar que cuando está un poco ansioso, su respiración cambia en comparación con cuando está seguro de sí mismo.

Estar en una posición cómoda, ya sea en el suelo o en una silla. Asegúrese de que su cuerpo esté relajado. Respira lenta pero profundamente y comienza la experiencia. Concéntrese en el sonido sutil de su pulso y respire. Es posible que también quiera experimentar la lentitud con la que se expande su pecho.

La atención prestada al principio podría no ser tan perfecta pero no seas duro contigo mismo. Hágalo repetidamente y disfrute de la tranquilidad que acompaña el patrón de pensamiento natural de este ejercicio.

10. **Vea con los ojos cerrados**

Como el ojo es el órgano que da la vista, es la puerta más accesible a la mayoría de las distracciones. No necesitamos arrancar esos ojos para dejar de verlos. Pero también podemos confiar en ellos para reforzar nuestro enfoque.

Vaya a un lugar público pero con poca gente alrededor, cierre los ojos y concéntrese en sus sentimientos. Si tienes éxito en combinar bien tus emociones, da un paso más en este ejercicio yendo a donde hay una multitud. Fíjese en los sonidos que le rodean: los pasos, el canto y la charla. ¿Aún puedes concentrarte en tus sentimientos? Si la respuesta es afirmativa, intente comprender lo más posible lo que está sucediendo a su alrededor. Una vez que llegas a este nivel, tu atención se ha incrementado a un nivel definitivamente alto.

11. Escucha de forma Consciente

Este ejercicio es similar al reportaje de la película, sólo el grupo de amigos involucrados es diferente. Hable con sus amigos acerca de tener una discusión de corazón a corazón. Será interesante si tienes una mezcla de hombres y mujeres.

Agrúpense en grupos de dos personas de sexos opuestos y formen un grupo de escucha. Asegurarse de que haya un coordinador que supervise este ejercicio. Discuta cualquier tema que todos ustedes estén de acuerdo en conversar sólo con amigos. Cuando su pareja haya terminado, cambie de papel y sea la que escuche. El tiempo será necesario para este ejercicio, digamos cinco minutos. Cuando el grupo termina sus primeros diez minutos, el coordinador anuncia que ambos compartan la historia del otro tal como la escucharon. Asegúrese de usar la palabra exacta, la frase y, posiblemente, el gesto tal como se le dijo. Haga que la historia de su pareja parezca personal para usted.

Al final de la sesión de cada uno, el coordinador permite que cada uno comente su experiencia. Al final de este juego, todo el mundo habrá sido capaz de lograr algún nivel de atención reforzada.

12. Comer Conscientemente

Comer conscientemente no significa comer por impulso o alimentarse, influenciado por las emociones. Implica la conciencia necesaria al comer sus comidas diarias. Y puesto que la comida es esencial para nuestras necesidades nutricionales diarias, podrás disfrutar más de la comida prestando atención. La satisfacción vendrá cuando usted tenga una comprensión de por qué come. La idea de la razón debe estar lejos del hambre. Se trata de construir una relación con la comida.

Comencemos con el proceso de cocción y el olor que le acompaña. Tal vez no has estado lo suficientemente consciente como para absorber los sentimientos asociados a la "precocción y la pre-comida". Su objetivo al comer no debería ser tragar. ¿Qué hay del colorido, la guarnición y el arreglo de los cubiertos?

Disfrute de su próxima comida tomándola en trozos. Muerda, mastique constantemente la comida, y permítase experimentar la sensación de cada cuchara. Mientras come, usted puede preguntarse si la emoción que lleva consigo es la correcta. No coma porque todos parecen estar comiendo en ese momento. Es probable que haya estado haciendo esto antes, pero es posible que no le guste este ejercicio si eso es lo que le motiva a comer. Recuerde que nuestro objetivo para este ejercicio es poder concentrarnos en cada detalle de lo que come.

13. Sentarse y pararse conscientemente

A menudo lo hacemos sin tener en cuenta la frecuencia con lo que lo hacemos. Enfoque su atención a sus actividades diarias. Sentarse y pararse podría aumentar la capacidad de enfoque del láser. Es probable que uno se levante y descanse muchas veces en un día sin darse cuenta de ello.

Puedes crear conciencia al hacer lo mismo, estar a cargo de la decisión de ponerse de pie o sentarse. Puede que al principio no suene fácil, pero vale la pena intentarlo, y puede que incluso lo recuerde después de haber caminado unos metros. Una vez que registres esta conciencia como un nuevo vocabulario en tu mente, te verás a ti mismo familiarizándote con ella.

14. Ejercicio de conteo de palabras

Pruebe este ejercicio con su libro, revista o periódico favorito. Comience con cinco párrafos y léalos. Después de haber absorbido el contenido, comience el conteo de palabras. Cuente cada palabra desde el primer párrafo hasta el último y repita el proceso en orden descendente. Será esencial que anote cada palabra que cuente. Guarde en la memoria el uso, la función y la intención. Cuanto más haga el recuento, más consciente será de las palabras.

También puede comprometerse para tener en cuenta el número de palabras de cada párrafo. Cuando esté seguro de sus logros en cinco secciones, puede pasar a 10, 20 o incluso a un capítulo entero.

El vínculo crucial entre el cerebro y el vientre

Un factor crucial que considerar cuando se piensa en un estilo de vida saludable es la comida que se toma. Los beneficios tradicionales de los alimentos van desde los medicinales hasta los nutricionales; es la acumulación más considerada de la solidez general del cuerpo. Como se dice: "Tú eres lo que comes".

Se prescriben comidas individuales a los pacientes en función de su enfermedad, imperfecciones y síntomas. Y esto ha demostrado ser eficaz con el tiempo. Además de los factores genéticos, la alimentación tiene la capacidad de cambiar el nivel de crecimiento de los individuos. Un ejemplo será una comparación entre niños bien alimentados y niños desnutridos.

Existe una conexión entre nuestro nivel de productividad y los alimentos que consumimos. Usted estaría de acuerdo en que no comer adecuadamente tiene una manera de decir sobre el cerebro. Recuerda cuando estás hambriento. El único pensamiento que llena tu mente es el consumo de comida. Esta sensación no es extraña porque se ha comprobado que la presencia o ausencia de alimentos regula su actividad, su estado de alerta, su energía y su disposición. Cuando tienes hambre, tu capacidad de concentración se ve reducida y tu estado de ánimo no será el mejor.

Tu cerebro sufre cuando tienes hambre porque no puede funcionar a su máximo potencial. Usted no podrá concentrarse en una tarea; e incluso cuando lo haga, lo más probable es que no sea excelente porque su nivel de azúcar en la sangre no está regulado.

1. **Almendras**
   Contiene fibra y proteína, que se sabe que aumentan la sensación de saciedad. Comer esta nuez le permite consumir menos calorías al día. También tiene un antioxidante llamado ácido fítico que protege contra el estrés oxidativo. Asegúrate de consumir la capa marrón de la piel
2. **Salmón**
   La presencia de un alto contenido de ácidos grasos omega-3 es lo que hace que el salmón sea capaz de aumentar la memoria y el rendimiento mental. Un suplemento de aceite de pescado también puede lograr resultados óptimos para la depresión.
3. **Té verde**
   Este té natural contiene L-Tianina. Esta propiedad es un componente que aumenta la calma y la tranquilidad. Funciona perfectamente con otra parte llamada cafeína al hacer que se libere constantemente. La cafeína aumenta la concentración y el estado de alerta. Usted puede permanecer activo todo el día cuando lo disfruta en su forma pulverulenta.
4. **Plátanos**
   El plátano contiene glucosa que libera energía al cuerpo. Comer un plátano al día complementará la necesidad diaria de glucosa. También es excelente como un alimento entre comidas, ya que te llenará. Puede probarlo con un cacahuete para un tentempié. La presencia de pectina en el plátano regula el nivel de azúcar en la sangre y reduce el apetito al reducir la vastedad del estómago.

5. **Huevos**

Un huevo contiene una abundancia de grasa Omega-3 y una vitamina B llamada colina, entre otros nutrientes. Trabaja para mejorar los sensores mentales reactivos y también eleva la lipoproteína de alta densidad que está conectada para reducir las posibilidades de muchas enfermedades.

El nutriente en el huevo aparece más porque una de sus calorías es más alta que la mayoría de los alimentos. Estos nutrientes pueden ayudar a mantener el hambre alejada durante un período prolongado.

6. **Arroz Integral**

El magnesio presente en el arroz integral alivia el estrés y aumenta la productividad. A diferencia del arroz blanco, la energía presente se libera lentamente para acumular cada vez más energía a lo largo del día. El beneficio para la salud está contenido en su forma de grano entero. Otro componente fantástico es el bajo índice glucémico. El índice glucémico muestra la rapidez con la que una comida eleva el nivel de azúcar en la sangre de una persona. El arroz integral está clasificado como un alimento con IG promedio, lo que lo hace fácil de consumir.

7. **Chocolate negro**

Una vez que la concentración de cacao es de 70 por ciento o más en el chocolate, entonces el valor nutricional es algo que hay que celebrar. Los flavonoides que se encuentran en el chocolate así como en otras frutas y verduras tienen propiedades antialérgicas, antiinflamatorias y antitumorales. Los flavonoles también reducen el riesgo de enfermedades cardíacas, cáncer y deposiciones. Busca reducir la presión arterial y ayuda en el flujo sanguíneo, dejando su cuerpo activo todo el día. Una vez que su corazón esté perfecto, su cerebro no tendrá ningún problema para funcionar.

8. **Arándanos**
   Los arándanos son conocidos por sus propiedades antioxidantes que combaten las enfermedades, así como por ser capaces de detener la hinchazón abdominal. El beneficio oculto de esta fruta es que mejora la capacidad cognitiva. Tu cerebro está listo para el día con esta fruta.

5 maneras de desarrollar una autodisciplina inquebrantable

El aprendizaje no se detiene al momento de hacer, sino que continúa hasta que el comportamiento sea personalizado. Usted no aprobaría el conocimiento de un niño hasta que se convierta en parte de su estilo de vida. Por ejemplo, después de que un niño ha aprendido a asearse en la escuela pero todavía llena su habitación con juguetes, usted estará de acuerdo en que no ha aplicado el conocimiento a su vida diaria. La afirmación podría no ser correcta si mantiene una sala limpia durante la primera semana de aprendizaje pero no continúa después de las siguientes semanas. No se debe a la falta de memoria; se debe a la falta de deseo, impulso y motivación para persistir. En general, podemos decir que no es lo suficientemente disciplinado como para continuar.

La autodisciplina implica todo esfuerzo por controlarte a ti mismo. Esta definición puede sonar vaga ya que usted siente que siempre ha estado a cargo de sus decisiones. Puede que sea correcto, pero ¿qué pasa con tus impulsos, emociones y sentimientos? Esas son las grandes cartas de tus éxitos y fracasos, dependiendo de lo bien que hayas dominado el juego. La capacidad de comprometerse conscientemente a cumplir con sus objetivos independientemente de los diferentes sentimientos puede ser llamada autodisciplina.

A estas alturas, ya debes haber mejorado tu nivel de concentración. Mantener este logro es la razón por la que la autodisciplina es necesaria, ya que esto formará otro hábito en ti. El proceso no será rápido, pero seguramente ayudará a su nivel de productividad y mantendrá cualquiera de sus comportamientos positivos aprendidos.

Comenzará con un enfoque constante para analizar cuidadosamente lo que usted hace en línea con el proceso de mejorar. Por ejemplo, probar el ejercicio de escucha consciente le permitirá adaptarse a las condiciones cambiantes de los diferentes sonidos de su entorno, y le permitirá fluir con las circunstancias sin afectar su atención (su ser interior).

Una comprensión aguda de este tema le ayudará a lograr un resultado excelente para mantener un enfoque de primera clase, vencer la pereza y derrotar la dilación. Tome en serio los siguientes aspectos de la autodisciplina sostenida:

1. **Identificar y analizar sus desencadenantes**
   Colocarse en una zona segura no sólo es necesario cuando se trata de una tarea peligrosa, sino que debe ser natural. Nuestro casco aquí es para mantener la autodisciplina y para identificar los desencadenantes que causan la distracción. Esta acción no sólo tiene por objeto lograr el éxito por sí sola, sino también profundizar hasta la raíz para medir la causa de su fracaso reiterado. ¿Qué causa que usted pierda el enfoque? ¿Cuáles son los factores que le empujan a realizar la tarea en el futuro?

   Haga una evaluación adecuada de esos elementos y sea sincero en la medida de lo posible. Lo mismo ocurre con los desencadenantes que aumentan su nivel de productividad. Es posible que el mismo factor contribuya tanto al aumento de la productividad como a la dilación. Por ejemplo, su pareja en su lugar de trabajo podría inspirarle a hacer más a través de su actitud implacable hacia el trabajo y, al mismo tiempo, convertirlo en un adicto al mundo digital.

Una vez que tenga claros los factores desencadenantes, proponga alternativas. Trate de escribirlas. Puede hacerlo de la misma manera en que usted escribe su lista de cosas por hacer. Cree otra lista de no hacer para contrarrestar esos problemas. A través de este enfoque, no te verás a ti mismo cayendo en el mismo pozo una y otra vez.

2. **Esté seguro de su propósito**
   Se requerirá un fuerte deseo de ganar para mantener un curso de autodisciplina inquebrantable. Haga una serie de preguntas. ¿Por qué quiero leer un capítulo de un libro al día? ¿Por qué debo comer cereal una vez cada dos días? La autoconciencia es necesaria para mantenerte en marcha. Analice sus sentimientos y emociones para asegurarse de que no está jugando con ellos. Tenga claro que su comportamiento pre aprendido no se basa en una suposición temporal o está influenciado por el ritmo del momento.

3. **Construya un Bloque de Motivación**
   Cree un sistema que alimente continuamente su pasión por el compromiso. Podría ser un ambiente competitivo en el que usted pueda trabajar mejor o superar a los demás. Ya que puedes medir tu progreso con colegas que trabajan duro, tu progreso estará en el buen camino.
   Otro bloque de motivación puede ser la introducción de una herramienta de recompensa y castigo. La herramienta de recompensa podría ser comprar un artículo para usted cada vez que alcance o supere un objetivo. También podría ser tomar un tiempo muerto para divertirse. Usted podría pensar en pagarle a un amigo una suma de dinero acordada como su herramienta de castigo. Sólo asegúrate de que tu motivación te mantiene en marcha.

4. **Elija un modelo**
   Mira hacia el mundo exterior para mantenerte en el buen camino. Busca a alguien que haya estado en el camino que quieres seguir. Debe ser alguien que domine el hábito y que haya demostrado que se ha desarrollado con el tiempo. Puede ser tu profesor de universidad, tu instructor de gimnasia o tu cabeza espiritual. Asegúrese de que tiene razón sobre a quién elegir. Prepárate para seguir cualquier cosa que te digan que hagas. Puede parecer riguroso al principio, pero el resultado deseado saldrá a la luz.

5. **Diseñar una estrategia**
   He aquí una de las herramientas esenciales para mantener la autodisciplina: Desarrolle un plan para trabajar con él. La disciplina no es automática ya que implica un proceso de construcción. Su acción debe incluir una fecha límite y una guía paso a paso realizable. Lo bueno de estos mini hitos es que usted podrá medir su progreso. Y un sistema de recompensa de sonido puede mantenerlo enfocado y dominar un sistema de control activo.
   El objetivo de este plan no es abrumarse con sus metas. El progreso es el principal combustible que le empujará más lejos para actualizar sus estrategias. Las fechas límite también le obligarán a reunir todos los recursos a su alcance para lograr el éxito en una fecha específica.

CAPÍTULO CINCO: ESTABLECIMIENTO DE METAS PARA EL ÉXITO

Puede que hayas pasado mucho tiempo preguntándote por qué las cosas no parecen funcionar bien para ti. Una vez tienes un sueño ardiendo en tu mente con planes completos para lograr ese sueño, y la siguiente cosa que sabes, se ha ido, y no has logrado nada. Puede que también hayas pasado mucho tiempo pensando, comparándote con personas que logran las cosas con facilidad; personas que parece que simplemente nacieron para tener éxito. Estas personas saben lo que quieren, declaran lo que quieren, y lo siguen con todo su celo hasta que lo ven logrado.

Hay poco o ningún secreto relacionado con estas personas y su éxito. Lo único que te diferencia de ellos es la capacidad de establecer metas. Esta gente no sólo trabaja duro, sino que también es inteligente. Y trabajar de forma inteligente implica establecer objetivos sólidos y viables. Sin metas, la vida sería simplemente sin dirección, y una vida sin dirección será una vida improductiva sin nada por lo que vivir.

La mayor parte del tiempo, sólo unos pocos de nosotros nos sentamos y trazamos un curso para nuestras vidas. Toma la vida como un mar tormentoso, contigo y tu bote flotando en ese mar. Hay muchas posibilidades de que te saquen de curso. Pero si tiene una brújula, le será más fácil encontrar el camino a casa después de que la tormenta haya amainado. Su objetivo es como una brújula que le ayuda a volver a poner en jaque después de un período de extravío.

En este capítulo, repasaremos algunos de los conceptos básicos para establecer metas. ¿Cuáles son las mejores técnicas y consejos que debe emplear al establecer metas? ¿Qué tan realistas y factibles deben ser sus metas para que no terminen frustrándolo mientras trabaja para alcanzarlas?

Conceptos asociados con el establecimiento de metas

Antes de que comencemos a explorar las técnicas necesarias para establecer metas, hay algunos conceptos sobre el establecimiento de metas que usted tiene que entender. Si no se entienden bien, entonces les digo que todo el proceso terminará lleno de fracasos. La pregunta más importante de todas es:

> **¿Por qué tengo que fijarme metas?** Esta es una pregunta muy personal, y usted tendría que dar una respuesta personal antes de poder continuar. Sin dar una respuesta, nunca podrás conectarte con la actividad de establecer metas a un nivel más personal.

Al establecer metas, estas dos cosas le ayudarán a forjar algo que funcione.

- **¿Cuáles son sus objetivos?** ¿Qué es exactamente lo que quieres? ¿Quieres aterrizar en la luna algún día? ¿Necesita perder más de 100 libras con 6 meses? ¿Piensas ganar un Oscar antes de cumplir los 40 años? Identifique estas metas porque le proporcionarán claridad instantánea. Las metas ayudarán a su mente como una brújula para el logro. De hecho, una meta identificada pone tu corazón en llamas como ninguna otra.
- **¿Por qué quiere lograr estos objetivos?** No puedo decirte nada más importante en el establecimiento de metas. Sin un propósito o una razón, sus metas son tan buenas como las nueces. Tómese un tiempo libre y evalúe la razón por la que se fijó estas metas. ¿Necesitas conseguir un buen coche para que te ayude a sentirte bien con tus compañeros o porque te ayudará a moverte más rápido por la ciudad? ¿Está tratando de perder peso porque alguien lo insultó por su talla grande o simplemente porque quiere vivir más saludable? Como ustedes saben, una meta fijada por una razón egoísta nunca llega a ver la luz del día en cuanto a

su logro. Con un propósito concreto y bien definido, el establecimiento de objetivos será mucho más fácil.

Formas de Metas

Para establecer una meta de manera efectiva, usted necesita entender qué tipo de meta está fijando. Hay diferentes tipos y encontrar el correcto le ayudará mucho. La forma más importante de categorización de metas es la que se realiza en base al cronograma. Estos incluyen:

1. **Metas a corto plazo:** Estos objetivos son los que se pueden alcanzar en poco tiempo, por ejemplo, en un período de seis meses o menos de un año. Al establecer tales metas, usted debe considerar aquellas que pueden ser fácilmente alcanzadas para que pueda seguir adelante con la siguiente meta.
2. **Metas a largo plazo:** Estas metas toman un espacio de tiempo más largo antes de que se actualicen por completo. Incluso tardan años. Algunos de estos objetivos incluyen el aprendizaje y la puesta en marcha de un negocio, la crianza de un hijo o la lucha contra el cáncer.
3. **Objetivos de toda la vida:** Metas como estas pueden llevarle toda una vida para lograrlas. Lo que pasa con las metas de toda la vida es que es posible que nunca sepas cuándo se cumplirán. En algún momento, usted se sentirá frustrado y querrá darse por vencido. Pero debe tener en cuenta que los objetivos de toda la vida se basan en el logro de objetivos a largo y corto plazo. Un ejemplo de meta de una meta de por vida es un niño con el sueño de convertirse en presidente.

10 técnicas para fijar metas para lograr sus metas más rápido

1. **Identificar los beneficios de lograr esa meta.**

Una cosa es que usted sepa el propósito de seguir una meta hasta el final, y otra cosa es que entienda el beneficio de lograr esa meta. Si una meta no tiene ningún beneficio, ni para ti ni para las personas que te rodean, entonces no habrá necesidad de perseguirla porque incluso tu mente se sentirá frustrada tratando de obligarte a actuar. Saber lo que hay en él para usted será suficiente impulso para ayudarle a sentarse y ponerse a trabajar. Para un ejercicio, escoja su libro de establecimiento de metas y anote algunos de los beneficios que disfrutará si se logra una meta. Piense largo y tendido mientras llena esos espacios con respuestas.

2. **Establezca metas compatibles.**

Cuando se trata de fijar metas que se pueden alcanzar fácilmente, es necesario que sean compatibles entre sí. Establecer objetivos incompatibles hace que pierda su tiempo y energía. Pronto te sentirás muy estresado y débil, incapaz de seguir adelante con la búsqueda de tus metas. Una meta puede ser pasar más tiempo con la gente y hacer nuevos amigos, y otra meta puede ser aprender a estar por su cuenta con más frecuencia y concentrarse en una tarea determinada. Estos dos son conflictivos. No puedes pasar más tiempo con tus amigos y aun así tener suficiente tiempo para completar la tarea. A la hora de fijar los objetivos, es necesario que mire en cada uno de ellos y mida su compatibilidad con el resto de los que aparecen en la lista.

3. **Cree un saldo permanente.**

No te permitas involucrarte demasiado en tratar de alcanzar una meta en particular que empieces a ignorar a los demás. La vida funciona con equilibrio. Usted debe aprender a compartir su tiempo equitativamente entre todas sus metas. No tendrá sentido que tengas éxito en un aspecto y que fracases en el otro. Usted puede estar experimentando mucho éxito en un aspecto de su vida, pero cuando descubre que el otro aspecto está inacabado, puede ser demasiado tarde.

4. Pida ayuda cuando sea necesario.

Por eso se llaman metas; no se pueden alcanzar solas. Hay muchas personas a tu alrededor que estarán dispuestas a ayudarte con tus metas si tan sólo aceptas ser humilde y cumplirlas. Por cada meta que usted quiera alcanzar, hay alguien ahí fuera que ha logrado esa meta hace mucho tiempo. Usted debe conectarse con ellos y averiguar cómo lo hicieron, qué obstáculos enfrentaron y cómo los superaron.

Cuando analice sus metas, trate de identificar lugares en los que pueda ser ayudado para que sea más específico en la búsqueda de esa ayuda. Éstas pueden incluir habilidades que usted necesita adquirir o conocimientos que desea adquirir.

5. Concéntrese en las cosas que mejorarán sus metas.

Cuando haga su horario para el día, trate de considerar básicamente aquellas cosas que agregarán valor a sus metas. Ésas son las cosas que usted debe considerar más. Deberían quitarte más tiempo. Hay otras actividades que puedes modificar para ayudarte a crear más tiempo para estas otras actividades. No dude en hacerlo.

6. Hay trabajo que hacer y nadie te ayudará a hacerlo.

Esto es probablemente la cosa más importante que usted debe saber sobre el establecimiento de metas. No se trata sólo de escribir las metas en un libro y mirarlas todo el día. Hay mucho más apegado a él, y la mayor parte es trabajo. Usted debe aprender a asumir la responsabilidad que se asociará con el trabajo que está a punto de hacer. En algunos momentos, si empiezas a experimentar el fracaso, tu mente estará ansiosa por ayudarte a cambiar la culpa. Por favor, supere esta tentación placentera. No te llevará a ninguna parte tangible. En lugar de dejarse atrapar en la red de quejas y excusas, decida que, pase lo que pase, ese objetivo debe cumplirse.

7. Elimine las posibles interrupciones y distracciones

Encontrará muchas distracciones e interrupciones en su camino hacia el logro de sus objetivos. Vendrán disfrazados de muchas maneras, y se exhibirán como cosas que necesitan ser llevadas a cabo con urgencia. Tal vez algunos de ellos sean legítimos, por lo que necesitaría su discreción para poder seleccionar el trigo de la cizaña. La mayoría de ellos simplemente serán derrochadores de tiempo en una misión para matar su tiempo y retrasarlo. La habilidad de diferenciar con éxito qué actividades valen su tiempo es una habilidad muy importante que necesitará dominar si quiere alcanzar esas metas.

8. Manténgase abierto al cambio

Pueden surgir muchas cosas inesperadas y es posible que tenga que hacer algunos cambios en sus objetivos. Puede ser un cambio positivo, pero un cambio de todos modos. Una vez que notes que algo no planeado e imprevisto está a punto de ocurrir, ese será el momento perfecto para hacer evaluaciones y conocer aquellas cosas que pueden ser cambiadas. También puedes mantener tu mente abierta y buscar oportunidades en ellos.

9. Necesitará un nivel de persistencia

Trabajar hacia su meta no es todo lo que necesita hacer para lograrla. Poner todo el esfuerzo necesario en la etapa inicial y luego vacilar al final sólo hará que te arrepientas de todo el proceso. La persistencia es la especia necesaria que hace que su trabajo duro valga la pena. Seguramente encontrará muchos baches en su camino, pero mantenerse al día con todo lo que se requiere de usted es algo que le garantizará el éxito a largo plazo. Recuerda que todas las cosas que harás ahora serán sólo sacrificios a corto plazo, y te proporcionarán placeres a largo plazo. Depende de usted.

10. Revise constantemente sus metas

Revisar sus metas le ayudará a identificar cualquier progreso que haya logrado con el tiempo. También le brinda la oportunidad de identificar los lugares en los que puede haber fallado. Al revisar sus metas, hágase preguntas acerca de hasta dónde ha llegado para alcanzar la meta, qué pasos deben cambiarse para lograr la meta con más rapidez y si todavía está en el camino correcto. La revisión de las metas también le ayudará a motivarlo para que se desempeñe mejor.

7 cosas que debe saber sobre cómo fijar las metas correctas

Siempre le digo a mi audiencia que encuentre las metas correctas que se proponga. Hay metas para ti, y también hay metas que no deberías molestarte en fijar porque no le darán ningún valor a tu vida. Si no se establecen las metas correctas, entonces existe la posibilidad de que usted pierda el enfoque incluso antes de que se logren. Establecer las metas correctas tomará algún tiempo. Los objetivos correctos no sólo vienen a usted preparados. Es posible que necesite hacer una lluvia de ideas antes de encontrar las metas adecuadas para usted y las que no lo son. Pero hay algunas técnicas generales que puede poner en práctica para ayudarle en su selección. He aquí algunos de ellos:

1. **La Meta Correcta puede ser Medida**

Sus metas deben ser metas que se puedan medir fácilmente para averiguar el éxito que ha tenido con ellas. Si escribes tus metas y las rompes en pedacitos, entonces debería haber una manera para que puedas marcarlas y medir el éxito. Una meta que se puede medir debe ser una que sea específica, como: "Perderé diez libras antes de que se acaben los meses". "o "Debería terminar de escribir mi próximo libro antes de que se acabe el año. "Todos estos son ejemplos de objetivos mensurables. Este tipo de metas le facilitan el seguimiento del éxito.

2. **Las metas correctas pueden ser manejadas**

Si usted se encuentra constantemente abrumado por una meta, puede significar que no es la meta correcta para usted. La meta correcta es esa meta que usted puede dividir en metas más pequeñas. Estas metas más pequeñas servirán como hitos que contribuirán al logro de la meta principal. Dividir sus metas en partes más pequeñas le ayudará a mantener un registro de su tasa de éxito.

3. **La meta correcta se puede alcanzar sin importar los obstáculos que la acompañan**

   Cada meta en su lista de metas debe tener un punto con el cual usted pueda finalmente medir el éxito. Si su meta tiene ese punto en el que usted puede mirar atrás y decir que ha recorrido un largo camino, entonces es una meta abstracta. Fijarse un objetivo y decir: "Quiero vender mis productos" no es un objetivo. ¿Cuántos de estos productos desea vender? Si no define claramente lo que es un logro para usted, entonces no podrá recompensarse ni siquiera cuando venda mil de esos productos. En tu mente, la meta sigue sin cumplirse, y pronto, te darás por vencido. Lo principal es poner un objetivo en todas sus metas.

4. **Cualquier obstáculo contra el logro de los objetivos correctos puede ser fácilmente detectado a gran distancia**

   Si te encuentras con problemas imprevistos mientras intentas ejecutar un objetivo, puedes tomar eso como un punto en el que el objetivo no era para ti todo el tiempo. La meta correcta es una que le permita detectar cualquier problema futuro mientras hace una revisión de los pasos necesarios para lograrlo. Una vez que estos problemas se presentan en la etapa inicial, todo lo que tienes que hacer es poner medidas para mitigar su efecto.

5. **La Meta Correcta tendrá una fecha límite realista y viable.**

   Cada meta necesita un marco de tiempo, un período con el que debe cumplirse. Con una fecha límite establecida, su mente se mueve a trabajar para producir un resultado. Una vez que usted ha llegado con un marco de tiempo dentro del cual su trabajo debe ser cumplido, usted descubrirá que un sentido de urgencia será instantáneamente asignado al trabajo. Y tener un sentido de urgencia es algo que mencioné antes y que le ayudará a establecer sus metas. Debe tener suficiente tiempo que le ayude a alcanzar la meta, sin embargo, el tiempo no debe ser demasiado largo para que usted no se desinterese de la meta. Pero usted debe tener en cuenta la magnitud de su meta al establecer un marco de tiempo, para no terminar engañándose a sí mismo.

6. **La meta correcta puede ser fácilmente visualizada**

Si no tienes una foto, entonces no tienes un destino. ¿Nuestra meta le da una imagen? Si lo hace, ¿cuán tangible y real es? Cuando haga una revisión de sus metas, imagínese a sí mismo cumpliendo la meta. Imagínese sosteniendo su novela completa en sus manos. Imagínate con tu título dentro de tres años. Imagínate a ti mismo en tu auto. Cuanto más fuerte y clara sea la imagen, más fácil será conseguir la motivación para trabajar hacia ella. Usted puede fácilmente cambiar un día aburrido y desmotivado por un día productivo imaginando los resultados de su éxito. Sus metas deben tener una imagen.

7. **La meta correcta siempre tendrá un valor a largo plazo para su vida**

Finalmente, la meta correcta es una meta que tiene recompensas que permanecerán con usted de por vida. Aunque hay metas correctas con recompensas de corta duración, la mayoría de las metas correctas siempre vienen con recompensas que se mantienen por más tiempo. Al establecer cada meta, trate de analizar e identificar los beneficios asociados con cada una de ellas. Pueden incluir libertad financiera, descanso mental, salud física y estabilidad psicológica. Independientemente de lo que puedan ser, sepa que identificarlos le ayudará mucho.

Las mejores maneras de recompensarse por las metas cumplidas

Primero, tienes que entender que nadie te recompensará más de lo que puedes recompensarte a ti mismo. Usted merece ser recompensado, especialmente cuando ha completado con éxito una tarea, hercúlea o no. Recompense su cuerpo. Recompensa a tu mente. Recompense su alma. Recompénsese, no importa lo poco que sea. Definitivamente va muy lejos. Recompensarse es decirle a su mente y a su cerebro que ha hecho un buen trabajo y que lo animará a hacer más. Una vez que puedas establecer esto en tu mente, descubrirás que será mucho más fácil para ti trabajar porque tu cuerpo estará deseando recibir esa recompensa después del primer trabajo completado.

Para comenzar el proceso de recompensarse a sí mismo, usted tiene que saber cuál será la recompensa. Saque un bolígrafo y un libro y anote todo lo que quiera para recompensarse. Asegúrese de tener una lista detallada y completa antes de seguir adelante con el proceso de recompensas. Si no, sólo te estarás engañando a ti mismo. Hay muchas maneras de recompensarte, y te presentaré algunas de ellas. Pero también debes tener en cuenta que tus recompensas no deben llegar de tal manera que nieguen todo por lo que has trabajado. Ese será el sistema de recompensa equivocado. Las cosas más importantes para considerar cuando se selecciona la recompensa son:

1. Debe tener un valor duradero

La recompensa debe ser de valor para usted de cualquier manera posible. No se limite a buscar una recompensa que le proporcione felicidad instantánea; busque algo más concreto y profundo. Busca una recompensa que gratifique hasta tu alma. Puedes ir por una experiencia espiritual y ver la vida de una manera totalmente nueva.

El núcleo de su selección debe ser la autocompasión. Sé amable contigo mismo, porque los beneficios de la bondad son numerosos y abrumadores. No debe ser una recompensa de una sola vez, sino que debe practicarse tanto como sea posible cada vez que se complete una tarea.

2. **Infunde Positividad**

Sus recompensas también deberían impulsarlo a lograr más de lo que ha logrado antes. Reconozca todas las cosas que ha logrado ahora pero esfuércese por hacer más en poco tiempo. Su recompensa debe recordarle la importancia de no ser demasiado duro consigo mismo.

3. **Debe haber un equilibrio necesario en el sistema de recompensas**

No permita que su sistema de recompensas se pase de la raya. Tiene que haber un equilibrio razonable. La recompensa no debe exceder el tamaño de las tareas completadas que las necesitaban.

4. **Bajar el tono**

A veces tu recompensa puede venir de dentro de ti. Puede ser un día o un momento tranquilo en el que te sientas y reflexionas sobre todo en tu viaje. Ese puede ser un momento claro de iluminación que los asistirá en su viaje futuro.

5. **No tienes que gastar mucho para recompensarte.**

Las recompensas pueden ser simplemente las cosas que disfrutas haciendo.

6. **Debe ser fácil de lograr lo más rápido posible.**
Aquí hay algunas formas rápidas en las que puede recompensarse después de completar una tarea. Hay una gran variedad, y depende de ti elegir la que más te convenga.

1. Ir a un concierto.
2. Visite un carnaval o un festival de música.
3. Ve a ver una película con unos amigos.
4. Escuche un podcast cautivador.
5. Planee una salida nocturna con los miembros de la familia.
6. Disfruta de una revista leída con un vaso de jugo frío.
7. Remoje su cuerpo en un baño caliente en la bañera.
8. Transmite música bailable en línea.
9. Vea algunos documentales interesantes sobre Netflix.
10. Dé un largo paseo por su parque favorito.
11. Únase a un ejercicio o a una clase de baile.
12. Visite una galería de arte y vea obras de arte inspiradoras.
13. Disfrute de una comida extranjera.
14. Visite un spa y reciba un tratamiento.
15. Haga un picnic en una playa cercana.
16. Asista a un evento deportivo y anime a su equipo favorito.
17. Haga una pequeña reunión y celebre con sus amigos.
18. Ponga sus manos en una forma de arte que le guste o en la jardinería.
19. Reorganice su habitación y su armario.
20. Hazte fotos a ti mismo.
21. Consigue un nuevo peinado.
22. Ten un día libre en el que puedas descansar, hacer lo que quieras o no hacer nada en absoluto. (Pero no permita que el placer de un día así entre en su cabeza. Una vez que el día ha terminado, usted regresa a su rutina.)
23. Escribe una historia corta sobre ti y compártela en los medios sociales.
24. Compra un perfume nuevo con una fragancia que te guste.
25. Cómprate ropa nueva y deshazte de las viejas. O también puedes repartirlas.
26. Viaje a un lugar al que siempre ha querido viajar.

CAPÍTULO SEIS: NUEVO TÚ, NUEVAS RUTINAS

El crecimiento en sí mismo es la influencia de la grandeza y el logro. La vida nos ha enseñado a mejorar en todo, incluso en las cosas más comunes. Hemos llegado a aprender de la manera difícil a través del ensayo y el error. Y para ello, la historia ha relatado la importancia del auto crecimiento y la actitud necesaria para alcanzar este nivel de excelencia.

Desde los valores requeridos hasta las habilidades y conocimientos necesarios, todas estas virtudes pueden ser aprendidas. Y la verdad está en la oportunidad que la vida ha presentado para aprender continuamente. Cuanto más vemos la necesidad de adoptar nuevas técnicas y aprender habilidades, más cómoda se vuelve la vida. Y como no vivimos aislados, las personas que nos rodean se motivan a través de nuestro proceso de aprendizaje. Por ejemplo, los líderes de renombre invierten mucho tiempo en el conocimiento y la investigación, ya que esa es una de las formas de llegar al éxito.

El aprendizaje viene con muchos obstáculos que superar, y nadie dice que sea fácil adoptar un nuevo comportamiento. El combustible para sostener este cambio proviene principalmente de estructuras probadas. Uno de ellos tiene que ver contigo. Es una actitud positiva más allá de su mentalidad inmediata. Una vez que su mente esté abierta, cualquier otra cosa que se relacione con la tranquilidad, la unión, el establecimiento de metas y la disciplina será natural para usted. Su mente se convertirá ahora en un terreno fértil para criar hábitos positivos. Podrías pensar brillantemente y esperar que lo mejor ocurra siempre.

Una nueva rutina comienza con la firme convicción de hacer las cosas de manera diferente. Es posible que esté cansado de los resultados que obtiene por tiempo, y que sienta que le falta algo. ¡Estás en lo cierto! Si usted ha estado pensando en esta dirección, entonces, está listo para hacer un impacto. Este nivel es la base de su éxito. Ahora es evidente que estás preparado para sobresalir sin perder tu unicidad.

No se sienta abrumado con el deseo de obtener grandes resultados; es alcanzable. Pero tienes que entender que no es automático. El proceso involucrado necesita que usted revise sus elecciones de manera creativa. Es posible que también necesite desglosar sus preferencias, emociones y patrones de pensamiento para aliviar la nueva rutina que ha elegido. Asegúrese de que las tendencias no influyan en su decisión de hacer las cosas de manera diferente. Las tendencias son como la moda; vienen y desaparecen con el tiempo.

8 maneras de crear grandes hábitos que conducen al éxito

La innegable verdad sobre el éxito es que hay que mantenerlo. Mantener la excelencia, el logro y la productividad comienza con el principio más ignorado. Esta norma es lo que yo llamo el "principio del crecimiento continuo". Se trata de un esfuerzo consciente de revisar regularmente la composición humana para mejorar. Checkmating aquí significa una evaluación consistente de nuestras emociones, habilidades, habilidades, valores y actitudes para que encajen en el proceso de aprendizaje deseado. Es necesario hacer preguntas para buscar soluciones en lugar de detenerse en los informes adversos.

La forma en que los seres humanos dedican su tiempo contribuye en gran medida a la productividad. La actitud puesta al tiempo también tiene un efecto significativo sobre si el momento es válido o no. Ciertos elementos podrían haberse aclimatado a nuestros puntos de vista, lo que nos hace propensos a su impacto negativo. Tales propiedades se convierten en nuestra referencia diaria, disposición, creencia, asunción, percepción y doctrina. Eso es lo que resulta en hábito, e inconscientemente repetimos el patrón en nuestra vida diaria. La excelente noticia sobre un hábito es que se puede aprender. Su conocimiento de esta rutina y su voluntad de cambiar es lo que más importa. Esbozaré a continuación algunos grandes patrones que te inspirarán a una vida exitosa.

1. **Identifique el tipo de rutina que desea.**

Cuando se conoce un destino, el camino para llegar allí será bastante sencillo. Asegúrate de que te hayas convencido del tipo de hábito que quieres romper. Esta comprensión deberá ser lo que más les importa en este momento; una prioridad que no debería posponerse. Involucre esta decisión en sus pensamientos de manera consistente, pero no se deje llevar.

Identificar un hábito negativo es grandioso; posicionar su mente para reemplazarlo con uno positivo será más satisfactorio aún. Satisface tu conciencia y tu fuerza de voluntad para emprender el nuevo camino de una persona mejorada. Es necesario convencerse interiormente porque ese es el combustible que mantiene la consistencia.

Esta etapa de identificación necesita un desglose adecuado de su compromiso. Empecemos con las pequeñas cosas que te mantienen ocupado como los chismes. Necesitas saber cuándo y cómo comienza el chat si tu nueva rutina es concentrarte en escribir un informe de 1000 palabras sobre seguridad por día cada vez que cierras el trabajo. Luego apague cualquier señal que sugiera un retraso en el tiempo y en las capacidades mentales. Si bien puede haber sido una ocurrencia frecuente charlar en el estacionamiento, decida acortar la discusión cuando note que se está yendo al sur. Usted está a cargo aquí, y esa es la razón por la que necesita ser sincero. Esto es sólo un ejemplo, y el tuyo podría ser diferente.

Además, tenga en cuenta que usted estará a cargo de sus actividades ya que podrá predecir lo que desea. Nadie te obligó a hacerlo; es una elección personal para que la atención se instale. Usted podría posicionarse en el objetivo actual y no sentirse abrumado por las incertidumbres del futuro.

Con la conciencia del presente, usted será capaz de canalizar su energía y recursos para lograr una tarea presente. Será más cómodo aceptar el patrón de sentimientos y pensamientos que sigue a la conciencia.

Saber lo que quieres lograr ahora y en el futuro te coloca en lo que se necesita para alcanzarlos. El sacrificio está por encima de ellos. Lo más probable es que la rutina recién identificada no siga su estilo de vida convencional. Y si el suyo es completamente diferente, entonces prepárese para adaptarse a los cambios. Puede que necesite cambiar reducir la cantidad de tiempo que pasa en redes sociales y ajustar el tiempo de los momentos de ocio. Sea lo que sea que sientas que será afectado, prepárate para ello para no causar un retraso en el camino del logro exitoso.

2. **Empiece desde su posición actual.**

Puede sonar ridículo cuando te ves a ti mismo no yendo a un ritmo rápido. Pero la verdad es que ese es el ritmo perfecto para ti. Recuerde que el hábito constituye toda una parte de nosotros, y el cambio significativo no llegará tan rápido como usted se imagina. La voluntad de moverse es la velocidad necesaria que necesitas aquí.

Piensa en ello como si estuvieras construyendo tus músculos. Usted debe saber que la acumulación física no saldrá a la superficie en un día. Es posible que esté deseando seguir leyendo durante tres horas cada noche. Entienda que usted habrá usado la mayoría de sus momentos productivos durante el día, y la posibilidad de leer de vez en cuando es muy pequeña ya que está empezando de nuevo. ¿Por qué no empezar con treinta minutos y dominar el arte durante las primeras dos semanas? Una vez que sea consistente con la rutina de media hora, aumente la duración progresivamente. Asegúrese de que ha establecido el comportamiento, y luego trate de mantenerlo.

3. **Recrea tu entorno.**
No eres la composición perfecta de ti mismo sin tu entorno. Algunos desencadenantes estabilizan su viejo hábito, y la mayoría de ellos están a su alcance. Primero, identifique lo que son y cómo comienzan. Esos detonadores pueden no ser una señal de retraso y dilación, pero en el sentido real, ellos son los villanos.

Su nuevo hábito puede ser comenzar una nueva dieta, pero parece que su cocina todavía está atascada con sus viejas comidas. Lo mejor será eliminar esos alimentos y que no los compre. Será difícil concentrarse en su nueva rutina porque cuanto más vea esos alimentos a su alrededor, más difícil será eliminarlos.

Reorganice su casa, su oficina, su mesa e incluso su guardarropa para que se adapten a su comportamiento esperado. Cuantos más despejes las distracciones, mejores serán tus posibilidades de éxito. La idea aquí es deshacerse de la energía que hace que el aprendizaje sea difícil para usted y reemplazarla con otras buenas.

4. **Muévete con personas que te animan.**
Tu motivación para mantener un comportamiento aprendido se verá reforzada cuando seas responsable ante tus amigos. No es

obligatorio reportarse con su conocido. Podría ser un colega en el trabajo o tu mentor. Elija a alguien en quien confíe lo suficiente como para criticar su informe.

Su enfoque en este punto es que no están en el camino de la novedad solos; hay cuerpos externos que apoyan su nuevo hábito. Obtendrá resultados óptimos si elige a alguien que tenga éxito en el aprendizaje de su rutina seleccionada. De esta manera, él podrá guiarte de manera constructiva.

El resultado significativo que usted quiere ver en la nueva rutina también puede ser fomentado cuando lo ve como trabajo en equipo. Imagine que su camarilla decide empezar un nuevo hábito. Cada uno de ustedes estará motivado para dar lo mejor de sí mismo. Una cosa buena que tendrás en mente es que "hay alguien a mi lado a quien siempre puedo referirme", y él/ella será tu aliento más activo. Será difícil para ti detenerte. Podrías decidir hablar con tus amigos para que aprendan un nuevo comportamiento que mejore un ritmo rápido del resultado.

5. **Cuénteles a otros acerca de su Plan.**
La mayoría de la gente le teme al fracaso, y el fracaso en sí mismo es una enfermedad que se puede evitar. Una mejor manera en que los humanos lo evitan es empujando su energía para tener éxito. Piensa en ti mismo como alguien en quien se puede confiar con información. La confidencialidad no es lo más importante aquí, sino la apertura y la responsabilidad, sabiendo que una parte de ustedes ha sido comprometida con otra persona. Tendrás que mantener tu hábito como una cuestión de necesidad porque no querrás decepcionarlos.

Puedes empezar por informar a algunos de tus seguidores en las redes sociales, amigos, familiares y colegas. Dígales de antemano y comprométalos continuamente en su rutina de compromiso. Puede que no quieras decepcionarlos retrocediendo. Cada vez que te enfrentas a la tentación de volver, es más probable que recuerdes a aquellos a los que te has comprometido.

6. **Desarrolle su nuevo hábito en la línea del antiguo.**
La energía involucrada en el aprendizaje de un nuevo patrón es muy diferente de la comodidad complaciente del viejo. Usted estará de acuerdo en que la vieja rutina habría ganado el control de acceso sobre usted. Tu vida habría sido reposicionada para pensar y trabajar en esa dirección. Decirle que abandone el viejo hábito inmediatamente será como pedirle que cambie el color de su piel tres veces por semana. Es mejor ajustar su nuevo comportamiento con el viejo. Recuerda nuestro primer punto para empezar con algo pequeño.

Ya que tiene un plan, haga su estrategia lo más flexible posible. Tenga cuidado aquí para no caer presa de pensamientos negativos. Sus tendencias a fluir con su experiencia diaria le recordarán la negatividad, reemplácelas con afirmaciones positivas. Por mucho que te comprometas con el nuevo comportamiento de manera constante, llegarás a ser mejor y progresarás para convertirte en una persona diferente.

7. **Recompense cada etapa del progreso.**
Tome nota de su progreso y elogie cada cumplimiento de los resultados deseados. Nadie puede animarte mejor que tú mismo. La recompensa aquí no debe forzarte a permanecer en el mismo lugar. Si usted siente que no ha sido motivado a hacer más mientras se aplaude a sí mismo, cambie la forma en que lo aplica. Crear un sistema de recompensa condicional. Vea la película después de haber terminado el informe. Disfrute de la velada con su camarilla siempre que su habitación esté

perfectamente limpia. Usted puede seguir el flujo de su recompensa después de haber alcanzado sus objetivos.

8. **Haga Ejercicio Mental**
   Su cerebro no está aislado de su nueva rutina. Sus capacidades cognitivas tienen un papel importante que desempeñar después de su fuerza de voluntad. Comience con su ejercicio regular, que puede ser caminar por el parque o trotar. Mientras hace cualquiera de estos ejercicios, piense en los nuevos hábitos que desea crear. Permita que su cerebro procese la información y la convierta en conciencia, pero no se sienta abrumado. Este estado de conocimiento le permitirá entrar en las realidades presentes todo el tiempo. Ahora podrá evitar las distracciones porque su cerebro ha procesado su nueva rutina en su sistema.

Recuerde que todo el bienestar de su cuerpo es importante, y su cerebro no debe ser excluido. También podría considerar hacer los ejercicios que agudizan el enfoque que se dan en este libro.

9 rutina de la mañana para hacer de cada día un buen día

La naturaleza ha cargado un abundante paquete de beneficios para las primeras horas del día. Y estarán de acuerdo en que la creatividad y la innovación tienden a fluir libremente durante este tiempo. Aunque esto varía del tipo de persona que eres, no niega cómo se puede lograr la productividad. Esta sección le proporcionará las actividades que puede realizar para maximizar su mañana. Seguirlos rápidamente marcará la pauta para un día excelente.

1. **Haga un diario de sus pensamientos y úselo para su día.**

Los momentos refrescantes de la mañana son el mejor momento para escribir lo que se te viene a la mente. Cada una de sus actividades durante el día puede diferirle el privilegio, y es por eso por lo que debe maximizar la oportunidad que le brindan las primeras horas de la mañana.

Tenga en cuenta que es posible que no necesite hacer este breve ejercicio de la manera convencional. Sea lo suficientemente flexible para adaptarse al flujo de sus pensamientos. Puede que sólo implique diez minutos de su tiempo. El lado positivo de llevar un diario de su opinión es que su cerebro está conectado a una fuente de atención. No tendrá que hacer hincapié en su capacidad cognitiva para recordar las pequeñas cosas que inundan su corazón. Ahora serás consciente de todas las ideas que te ayudarán a mejorar tu experiencia diaria.

Si necesita crear un esquema de sus pensamientos, ¡haga una lista de ellos! Es posible que desee reproducir la escritura de los resultados de las vistas diarias. Esta acción le hará hacer referencia a su historia de éxito y le recordará sus victorias anteriores. Usted también podría repetir la misma rutina que trae el logro la próxima vez que se enfrente a un desafío aparentemente relacionado.

2. **Arregla tu cama**

¿Suena un poco estresante? ¡Si! Porque no lo has estado practicando. Esta simple habilidad de hacer las cosas en casa te da un sentido de responsabilidad por ti mismo. Su cama ha sido capaz de crear la primera tarea del día con éxito. Pruébate a ti mismo el éxito que quieres que tenga esto. Cada vez que haces esto excelentemente bien, construyes un sentido de realización.

3. **No concluya con decisiones esenciales**

El instinto podría haberte guiado antes, pero la realidad no es un juego de azar; seguramente cumplirá su mandato. Deje sus pensamientos en el papel y finalícelos más tarde en el día. La mayoría de las veces, la voluntad interna de tomar una decisión perfecta puede no ser lo suficientemente fuerte como para dar una estrategia precisa necesaria para lograr sus objetivos. Sea lo suficientemente paciente para investigar su inspiración percibida. Su búsqueda a lo largo del día mejorará la productividad mental para las mañanas siguientes.

4. Limite sus opciones

Este período temprano del día te obliga a hacer la elección inevitable para tu día. Agilice su selección de acuerdo con su conjunto de valores. Es posible que le moleste el color, el tipo de camisa, el zapato y la bata que debe usar. Los accesorios para utilizar pueden incluso consumir gran parte de su tiempo de reflexión. Cree una rutina de sus necesidades básicas por la mañana y hágala practicable. Por ejemplo, despertarme, meditar, elegir mi ropa, bañarme, hacer café, organizarme y prepararme para el día. Simplifique sus elecciones diarias y no las haga más difíciles para usted.

5. Energice su cuerpo

Piense en el acondicionamiento físico como otra herramienta para mantener una rutina matutina. Puede que no necesites ir a correr por la calle. Su habitación puede permitirle sudar la energía necesaria para el día. ¿Recuerda el método de recompensa condicional que leyó bajo la creación de un hábito que lleva al éxito? Haz que funcione para ti también aquí.

Haz de 15 a 30 flexiones de brazos, después de las cuales consideras repasar tus actividades del día. También puede estirar los brazos y las piernas y luego pensar en la tarea del día. Hacer esos ejercicios habría preparado su cuerpo para el trabajo del día. Tu mente ahora estará en reposo, y tu nivel de felicidad aumentará por el resto del día.

6. **Afirmaciones**

El pensamiento positivo, dicen, resulta en un resultado positivo. Crea una mente llena de positividad a medida que haces afirmaciones que reencuadrarán tu mente. A menudo ves a través de tu mente, lo que hace que sea necesario eliminar la negatividad durante el día. Recuerde, requiere que hable por sí mismo. Tome tiempo para escribir sus afirmaciones y leérselas usted mismo. Puedes empezar con el simple desafío que tuviste el día anterior y compensarlo. Por ejemplo, digamos, "Hoy he caminado con excelencia. "Logré y superé los objetivos hoy. "No estoy abrumado por el éxito o el fracaso. Sobresalgo en toda mi tarea."

7. **Enfócate más en tu interior**

La fuerza recibida de la meditación puede ser suficiente para superar los desafíos mentales del día. Alcanzarás este nivel de calma cuando te separes tanto del apego externo como del interno. Crea la voluntad de romper con el mundo exterior por el momento. Romper aquí significa crear un enfoque en ti mismo, especialmente en tu fuerza de voluntad.

Note que este simple ejercicio requiere que usted limpie cada pensamiento y preocupación. Su nivel de ansiedad debe reducirse conscientemente en este período. Mírate sólo a ti mismo, y ni siquiera revises las redes sociales. Planifique para lograr esta rara rutina desde su noche. No hay revisión anticipada de correos electrónicos, Facebook y blogs. Sólo tú, solo.

Desvincúlese de su rutina diaria de torpeza e inactividad durante este breve período de la mañana. Un momento de reflexión de 15 minutos es un buen comienzo para usted. Vea la posibilidad de lograr el éxito del día. Reflexione sobre las afirmaciones que ha hecho y véase a sí mismo lográndolas. Estás alimentando tu alma en este punto para tener una mentalidad ganadora. Y esa es la mejor manera de describir tu día para cualquiera.

8. **Pruebe una ducha fría**

Puede que no te sientas cómodo con esto por primera vez. Pero puede intentarlo unas cuantas veces y adquirir el hábito de hacerlo de forma intermitente. Piensa en las ventajas que conlleva. Su flujo sanguíneo tiende a aumentar y lo hace activo durante el día. Usted será valiente para comenzar y hacer esto libera dopamina en su cuerpo. Su cuerpo se queda entonces con la sensación de actividad, motivación y placer. El baño será un excelente glaseado para diseñar el día.

9. **Planifique un desayuno saludable**

Comprender la salud de la alimentación por la mañana. Es esencial combinar ciertos nutrientes como proteínas, minerales y vitaminas para tener un gran apetito y satisfacer las necesidades nutricionales. Aunque otros nutrientes también son necesarios, las grasas y proteínas saludables ayudan a estabilizar sus emociones. Recuerde que su estado de ánimo debe ser el adecuado. Comamos, por ejemplo, una tostada y una cobertura rica en fibra. La fibra en este alimento ayuda a retardar la digestión, mejorando la estabilidad del azúcar en la sangre. Piense en otras comidas simples pero saludables para su desayuno.

6 rutinas nocturnas para asegurar que el mañana sea tan bueno como el presente.

El mejor día resulta de una noche bien planeada. Las oportunidades se cargan por la noche cuando usted acepta el desafío de ser receptivo. Entienda lo que necesita hacer antes de irse a la cama. Esas actividades constituirán sus rutinas nocturnas. Sé que tu día puede haberte cansado, pero puedes reajustar tu estado de ánimo y actividad mental. Puedes hacer de tu descanso una experiencia dichosa.

1. **Reflexione sobre su Día.**

¿Qué pasó hoy en el trabajo? ¿Por qué me enviaron una carta de consulta? Haga muchas preguntas como sea posible. Mereces saber qué te ha llevado todo el día. Utilice este período para identificar la causa de sus acciones. ¿Por qué reaccioné mal ante un cliente? ¿Por qué estaba enfadado durante la pausa del almuerzo? No se limite a hacer preguntas; desglose su consulta en desencadenantes. A ver qué te hace hacer una cosa en particular.

La reflexión no significa que deba utilizar este período para pensar sólo en sus insuficiencias. Es posible que desee pensar en los objetivos que cumplió o superó. Haga una evaluación apropiada de las actividades de su día para saber qué metas fijar para los otros días.

2. **Haga una lista de sus metas.**

Mire hacia el futuro de la productividad y planifique lo que desea lograr. Este proceso debe ser intencional porque es posible que usted no haya analizado los desafíos del día. Diseñe otra estructura que le ayude a lograr más. Dé una definición adecuada a su destino. Asegúrese de eliminar la rigidez en su enfoque a tomar en el futuro. Una vez que haya redactado sus metas, péguelas donde pueda verlas fácilmente. Podría estar en su mesa de lectura o en la parte de atrás de su puerta. Asegúrese de que está listo para la mañana siguiente. Planifique su desayuno, su elección de ropa y su hora de levantarse. Puede tomar algún tiempo prepararse si es la primera vez que lo hace. La consistencia en el establecimiento de metas para el día siguiente resulta en convertirse en un organizador activo a largo plazo. Despertar a esta realidad te ayuda a poner tu mente en alcanzar objetivos.

Es posible que también quiera leer sus metas en voz alta. Así como usted recita sus afirmaciones, su atención al hacer esto es activar la atención. Vivir en la realidad de tener sus metas en la mente

3. **Tómese el tiempo para leer.**

Involucre su mente en el aprendizaje de algo nuevo! Hacer esto te preparará para el día siguiente. Es posible que no tenga que hacer las largas horas ya que podría estar cansado del trabajo del día. Es posible que desee utilizar este período para desarrollar ideas que haya anotado por la mañana. Investigue también sobre su reto en el trabajo y aprenda de la experiencia de los profesionales.

4. **Leer arriba Afirmaciones.**

Así como usted comenzó su día con palabras de positividad, usted podría considerar terminar su día con ella también. Ya que has reflexionado y analizado los acontecimientos del día, usa tu conclusión para decir cosas hermosas a tu conciencia. Usted puede decir: "No me sentí abrumado por el fracaso. "Logré algo mejor que hoy. "Me veo a mí mismo alcanzando mis metas profesionales. "Mi mañana es activo y vibrante, y estoy contento con mis amigos y colegas. "Diseñe sus afirmaciones para que se ajusten a su valor.

5. **Chatea con tu familia.**

Unirnos como familia es un excelente ritual para practicar. Tómese un tiempo para decir cosas personales a su cónyuge e hijos. Y si usted es soltero o vive solo, encuentre una manera de comunicarse con su familia. Cada parte de su discusión aquí debe centrarse en las necesidades de la familia. Averigua lo que tu hija desea de ti. Infórmele también de lo que usted requiere de ella para tener éxito en la vida. Es posible que no quiera hacer el trabajo de un entrenador de vida todas las noches, pero asegúrese de construir la intimidad con su familia. Además, involucre a su cónyuge en una conversación íntima. Usted puede buscar ideas relacionadas con sus horarios y patrones de trabajo.

6. **No te rindas a la ociosidad.**

Prepararse para lo que hay que hacer no significa hacer nada, significa hacer una tarea específica. Piense en un trabajo que aumente su agudeza mental. La lectura, la meditación, el ejercicio, la cocina, etc. pueden ser una excelente tarea para realizar. Evite la trampa de quedar atrapado en un trabajo masivo para la noche. La pantalla azul debería ser una cosa para evitar en este momento.

Ya que usted necesita empezar de a poco, también puede pensar en arreglar el desorden. Coloca el montón de libros sobre la mesa y limpia tu armario.

CAPÍTULO SIETE: NO MÁS OBSTÁCULOS

7 maneras de Conquistar su Miedo al Fracaso

Es natural tener miedo. Es una de las cosas que nos hacen humanos. El miedo siempre se presentará cuando estés a punto de embarcarte en una nueva aventura. Sin embargo, el miedo también puede ser muy peligroso, puede impedir que usted logre lo que necesita lograr.

El miedo puede manifestarse de muchas maneras. Está el miedo a las alturas, el miedo a la elevación del agua, y el miedo a las arañas, y así sucesivamente. Pero en lo que respecta a ser productivo, el miedo que más se relaciona con nosotros es el miedo al fracaso.

El fracaso no tiene absolutamente nada que temer. Incluso los más ricos, los más poderosos y los más exitosos entre nosotros han experimentado alguna vez el fracaso en un momento u otro. Así que, si alguna vez fallas, debes saber que no estás solo. Lo superarás.

Es como caer enfermo. La gente toma muchas medidas para no enfermarse. Desafortunadamente, no importa cuánto lo intenten, al final se enferman un día. ¿Qué haces en esa situación? No huyes de la enfermedad; luchas contra ella. Y una vez que te abandona, tu cuerpo aprende y se adapta para que la próxima vez que haya un ataque de ese patógeno, sepa cómo reaccionar y protegerte.

Lo mismo ocurre con tu fracaso. Aprende de ello. Construye tu resistencia a partir de ella. Cuando te golpee por primera vez, parecerá que tu mundo está a punto de desmoronarse, pero te aseguro que sólo será por un momento. Estos consejos le ayudarán a manejar y superar el miedo al fracaso:

1. **Enfréntate a ello.**

La vida es un campo de batalla. Si no estás listo para luchar, entonces prepárate para vivir una vida miserable. Nunca se le entregará nada en bandeja de oro, excepto si su familia tiene montones de lingotes de oro en algún lugar del Banco Mundial. Para ver el éxito, para tener logros, usted debe saber que tendrá que hacer frente a su miedo al fracaso. El miedo al fracaso no es el fracaso en sí mismo, sino que es un camino fuerte que conduce al fracaso. Lo mejor que puedes hacer por ti mismo es empujarte fuera de ese camino hacia el camino del éxito.

2. **Muéstrate un poco de bondad.**

No te castigues a ti mismo. No seas demasiado duro contigo mismo. Entiende que el miedo que tienes al fracaso es algo natural, pero no significa que no seas lo suficientemente bueno. Nadie es lo suficientemente bueno; todos nos esforzamos por ser mejores. Por lo tanto, no se castigue simplemente porque no dio en el blanco la primera vez. Todavía hay muchas oportunidades abiertas para que intentes ser mejor.

3. **Entienda que Fallar una vez no lo convierte en un completo fracaso.**

Sólo te conviertes en un fracaso total cuando decides dar y dejar de perseguir. El punto en el que decides rendirte se convierte en el punto en el que termina tu historia de éxito, así que todo depende de ti y de lo bien que elijas maximizar tus fortalezas. Muchas de las figuras exitosas que admiramos hoy en día fracasaron, pero eso no les hizo considerarse fracasados. Ellos continuaron con la lucha y trajeron algo admirable.

4. **Alimente su mente con Optimismo.**

Mucha gente experimenta el fracaso todos los días, pero eso no significa que usted deba ser uno de ellos. Un pensamiento se presentará y te preguntará: "¿Y si fracasas?" Quiero que desafíes ese pensamiento preguntándote: "¿Y si tengo éxito? "La gente fracasa, y la gente también triunfa. Todo depende del grupo con el que decidas identificarte. Si alguna vez va a haber una persona exitosa en ese campo, entonces podrías ser tú.

5. **Libérate de la obsesión del perfeccionismo**

Muchas personas han estado atadas debido a la necesidad de hacer alguna tarea por primera vez bien. No tienes que hacerlo bien la primera vez. Ten eso en mente. Nada de lo bueno que se ha creado ha sido perfecto de una sola vez. Acepta el hecho de que puede que no des en el blanco al principio, pero eso no significa que dejarás de intentarlo. El proceso de tratar de perfeccionar algo es en sí mismo un proceso de aprendizaje. A medida que sigas haciendo eso, seguirás mejorando hasta que seas tan bueno como quieras ser.

6. **¿Por qué temes al fracaso?**

Para algunas personas, el miedo al fracaso proviene de todas las cosas que han oído sobre el fracaso. Otros simplemente no quieren que otros los vean como un fracaso. Por lo tanto, comienzan a alimentar el miedo por ella. Cualquiera que sea el caso, trate de averiguar la razón por la que teme el fracaso y haga bien en abordarlo a tiempo. ¿Tienes miedo porque no entiendes completamente la tarea que tienes por delante? Entonces hazlo bien para entenderlo mejor. ¿Tienes miedo porque has oído historias de miedo de personas que se encontraron con el fracaso? Luego empiece a poner las cosas en su lugar que le ayudarán a superar el fracaso.

7. **Aceptar el fracaso por lo que es**

El fracaso no es un monstruo, ni una bestia. Sólo puede llegar a ser tan grande como un tormento como usted quiera que sea en cualquier momento. Usted define en qué se convierte su fracaso para usted. Ver el fracaso como algo que va y viene, algo que va y viene, un momento fugaz en nuestras vidas, te ayudará a superar tu miedo por ello fácilmente.

7 estrategias para vencer al monstruo del perfeccionismo

Ser perfecto es una cualidad admirable, y mucha gente morirá por esa cualidad, por estar libre de cualquier forma de mancha o mancha. La búsqueda a la perfección le llevará a producir trabajos de alta calidad. Buscar la perfección no está mal de ninguna manera; de hecho, es muy necesario producir un trabajo que resista la prueba del tiempo.

Sin embargo, la búsqueda de la perfección puede convertirse fácilmente en un comportamiento obsesivo si no se deja sin control. A las personas que persiguen esto se les llama perfeccionistas, y la mayoría de las veces, sus estándares casi nunca se cumplen. Esto, a su vez, puede llevar a una especie de frustración.

Los perfeccionistas nunca están contentos con nada hasta que cumple con sus estándares increíblemente altos. Por el contrario, los perfeccionistas siempre parecen querer posponer algunas tareas simplemente porque tienen miedo de no llevarlas a cabo lo suficientemente bien. Esto puede convertirse de alguna manera en un asesino de la productividad porque una persona así nunca querrá entrar en una nueva aventura y ver qué pasa con ella.

Un consejo que siempre doy a la gente es que aprendan a trabajar con su perfeccionismo. No permita que sus altos estándares le impidan rendir; en vez de eso, haga que funcione para que usted produzca un trabajo más admirable. Para ello, inicie la tarea. Deje su miedo a la imperfección y empiece. Completa la tarea; y después de completarla, puedes volver atrás y añadirle tu toque de perfeccionismo.

La vida de un perfeccionista es bastante aburrida porque nunca se explora nada nuevo. Ese no debería ser tu caso. Es por eso por lo que necesitará superar su mentalidad perfeccionista, pero no sus altos estándares. Entiende que la perfección nunca puede ser alcanzada, nunca. En vez de eso, usted puede seguir mejorando cada vez más. Aquí hay algunas estrategias que usted puede emplear para ayudarle a superar el perfeccionismo:

1. **Aprende a aceptar cuando es lo suficientemente bueno cuando has puesto todo tu mejor esfuerzo.**

Como dije claramente, la perfección es un mito. Incluso cuando piensas que lo has logrado, si miras más de cerca, verás que todavía hay defectos. Puedes literalmente volverte loco. Trate de entender cuando ha hecho lo suficiente en un proyecto en particular. Lo bueno nunca es suficiente, pero lo mejor siempre puede ser suficiente. No estreses a tu mente. Lo mejor que puedes hacer es entrar en la corriente y dejarte llevar por ella. Usted no tiene que producir un trabajo perfecto; todo lo que tiene que hacer es producir su mejor trabajo.

2. **Entender que el Perfeccionismo es un Asesino del Tiempo**

Hay dos grandes problemas que tengo con los perfeccionistas: el primero es que casi nunca empiezan ninguna tarea por miedo a no producir según sus estándares. La segunda es que incluso cuando comienzan una tarea, pasan mucho tiempo repasando los pasos, repitiéndolos, sólo para producir un trabajo perfecto. La cantidad de tiempo perdido es incluso suficiente para hacer que ignoren el trabajo y se frustren. Nadie dice que no te tomes tu tiempo. Lo que estoy diciendo es que no mates tu tiempo. Estos son dos conceptos diferentes, y significan cosas diferentes. Tómese su tiempo y dé lo mejor de sí. Sepa cuándo parar y dejar el resto. Sólo hay lo suficiente que puedes dar a cualquier proyecto.

3. **Entiende que puedes Herir a la Gente con tus Estándares Perfeccionistas.**

Como se ha señalado anteriormente, nunca baje sus estándares, busque la mejor calidad, pero no necesariamente la perfección. La perfección es inalcanzable. Una cosa acerca de luchar por la perfección y los altos estándares es que eres capaz de herir a la gente que te rodea con tus estándares. No todos son como tú. No todos son perfeccionistas como tú. Algunas personas sólo quieren poner lo mejor de sí mismas en lo que hacen, y eso es todo. Cuando continúes bajando el peso de tus estándares inalcanzables sobre ellos, puedes aplastarlos y hacer que te odien. Nada de lo que hagan será suficiente para ti, y esto solo es capaz de dañar tu relación con ellos. Asegúrese de obtener lo mejor de sus empleados y trabajadores en todo momento, pero no se convierta en un maestro frustrante que nunca puede ser complacido.

4. **Eliminar la mentalidad competitiva.**

Para muchos perfeccionistas, su carácter proviene de ser los mejores en todo momento. Quieren que ninguna otra persona se les adelante, y les frustra cuando sus planes no salen como se espera. Existe un tipo de competencia conocida como la competencia sana, y ese es el tipo de competencia por la que usted debe esforzarse. Suscríbete a la competencia que saca lo mejor de ti en lugar de arrastrarte hacia la envidia.

Otra cosa que usted debe entender es que usted es su mayor competidor. Todo lo que tienes que hacer es desarrollarte en el ayer, construir sobre el éxito que has tenido en el pasado. Y ahora que lo pienso, si ayer estuviste perfecto, ¿qué quieres hacer hoy? La vida es una aventura, y el perfeccionismo rompe esa aventura. Te impide descubrir tesoros. Así que, mantente libre y mantén tu mente en ti mismo.

5. **Elimine los factores desencadenantes del perfeccionismo en su vida.**

Esto implicará investigar un montón de cosas. A veces las personas en su vida también pueden ser algunos de los factores que causan su obsesión con el perfeccionismo. Debido a que ellos mismos son perfeccionistas, harán todo lo que esté en su poder para buscar lo mismo de usted. No te creas eso. El perfeccionismo, como te he explicado, es estresante. Te toca a ti llevar a cabo un análisis interno e identificar todas aquellas cosas que desencadenan el perfeccionismo en tu vida.

6. **Reevalúe sus estándares**

El perfeccionismo es el resultado de estándares excesivamente altos. Tienes que controlarte para no hundirte. No es normal esperar que un niño de 3 años sea capaz de deletrear correctamente palabras de cinco letras sin perder ninguna letra. Pero a un perfeccionista no le importa. Sólo quieren que se haga, y no tendrán idea de que están lastimando a ese niño.

Pregúntese si sus estándares son demasiado altos. Una vez que se identifican los estándares muy altos, se puede bajar el tono para que todo el mundo se beneficie de ellos. También puede preguntar a las personas de su entorno que estén dispuestas a ayudarle a identificar los estándares en los que tiene que trabajar.

7. **Permitir la imperfección a veces.**

No siempre tienes que perfeccionar. Vivimos en un mundo imperfecto, pero todos disfrutamos del mundo y no queremos irnos. La verdad es que puedes hacerlo con alguna imperfección en tu vida. Deje las sábanas ásperas y arrugadas al salir de la casa. Permita que los niños se vistan solos. Simplemente desafíe cualquier tendencia perfeccionista que pueda tener y vea lo que sucede.

7 maneras en las que la Positividad puede Manifestar el Éxito

La positividad, como rasgo, no significa sonreír todo el tiempo y llevar siempre una mirada alegre. Es mucho más profundo que eso. La positividad realmente tiene que ver con tu perspectiva general de la vida. Se trata de lo que haces con lo que la vida te da en el momento, ya sea negativo o positivo. "Cuando la vida te lanza limones, haces limonada" es una cita que capta adecuadamente la esencia del positivismo.

La investigación ha demostrado con el tiempo que las personas que son más felices, las personas que tienen más positivismo en sus vidas, por lo general terminan siendo más exitosas que las que no aceptan el mensaje de positividad. La positividad se ha vinculado a un mejor rendimiento y productividad en los lugares de trabajo. La presencia de emociones positivas siempre hace que la generación de ideas maravillosas. Algunos de los principales beneficios de la positividad incluyen:

- **Mejor rendimiento mental y respuesta más aguda a los estímulos.** Las personas positivas generalmente tienden a tener cerebros que funcionan mejor y producen mejores resultados. Su mente viaja más lejos durante una sesión de lluvia de ideas, y pueden aportar una amplia gama de ideas para un proyecto. En última instancia, esto conduce a ser personas más creativas y productivas.
- **La gente tiende a acercarse más a aquellos que ya llevan mucha positividad en ellos.** La positividad en una relación también ayuda a construir una conexión fuerte y duradera entre las partes involucradas.
- **Los beneficios para la salud asociados con la positividad son enormes.** De hecho, la positividad puede hacer que una persona coma más saludable porque sus mentes siempre están agudas para señalar las cosas que no deberían estar tomando en su sistema. La depresión, que es un subproducto del pensamiento negativo, se ha relacionado con el sobrepeso y la alimentación basura. Una mentalidad positiva significará una frecuencia cardíaca más baja, una presión arterial más baja y un menor

estrés. También se sabe que las personas que son positivas duermen mejor.

- **La positividad ayuda a construir una psicología de la confianza, la autoestima y la energía corporal.** Con tanta energía para gastar, las personas positivas logran sus metas más rápido que las personas no positivas.

Con todos estos beneficios en la lista, ahora puede ver que es muy importante que desarrolle una mentalidad positiva que alimente su éxito. La pregunta ahora es cómo se puede hacer eso. Estas estrategias le ayudarán:

1. **Mantén tu enfoque en todas las cosas buenas de tu vida.**
Nadie lo tiene todo hermoso para ellos. Todos tenemos nuestros altibajos, donde nos enfrentamos a muchos desafíos a diario. Pero la pregunta sigue siendo ¿cómo y/o por qué permitir que esos desafíos te definan? Por supuesto, mirarás hacia la puerta, pero también hacia arriba. ¿Qué tan bien mantiene su mirada en las cosas buenas de su vida? Recuerde que cada día viene con sus propios beneficios, sin importar lo mal que vaya ese día. Aprenda a concentrarse en estos beneficios durante todo el tiempo que pueda.

2. **Aprenda todas las lecciones que la vida le ofrece.**
Como he dicho numerosas veces en este libro, cada fracaso que se encuentra en su vida es una lección si tan sólo elige aprender de ella. Las fallas son propensas a engendrar pensamientos negativos en tu mente. Estos incluyen "No soy lo suficientemente bueno. "Nunca valdré la pena. "y "No lo conseguiré. "Pero recuerda que cada vez que tropiezas en la oscuridad, tu cuerpo aprende de los obstáculos en ese camino y nunca vuelve a cometer el mismo error. Es por eso por lo que usted puede caminar en su habitación incluso con la luz apagada y hacer su camino hacia el interruptor sin golpear los dedos de los pies en el gabinete.

3. **Anímese.**
Nadie puede hablar contigo como tú puedes hablar contigo mismo. No hay mejor motivación que la que te das a ti mismo. Despierta cada mañana, mírate en el espejo, y libera mantras transformadores en tu día. Hay algo en las palabras que decimos. Poseen un poder creativo muy fuerte que puede seguir adelante y proporcionarnos los mejores resultados. Algunas personas usan este poder para producir resultados muy negativos para sí mismas porque siempre están hablando de lo malo en sus vidas. Estos pensamientos tienen una manera de construir fortalezas en tu mente y controlarte. Nunca les permitas hacer eso. Siempre tenga el control y dicte lo que entra en su vida.

4. **Mantenga su mente en las cosas que suceden en su presente**.
El presente es tu ahora, tu realidad en este momento, las cosas que están sucediendo en tu vida. Algunas personas viven sus vidas para el futuro, mientras que otras viven en el pasado. Pero te digo que el momento más importante para vivir es ahora. No pierdas tu existencia mientras persigues otras realidades.

5. **Mantenga a la gente positiva y la positividad a su alrededor.**
Una pared de pensamientos negativos está siempre en aumento en nuestra mente, y depende totalmente de ustedes para determinar si continúa subiendo o si se derrumba en el suelo. Puedes destruir cualquier forma de paredes negativas rodeándote de gente y cosas positivas. Todo esto te ayudará a asfixiar cualquier negatividad que te rodee. Encuentra a la mayoría de las personas y colócalas alrededor de tu vida. Hable con ellos todo lo que pueda y trate de aprender de ellos. Tienen una manera de afectar a la tuya en positividad.

6. **Concéntrese en sus metas.**

Los pensamientos negativos son una forma de distracción que resulta porque la gente no está obsesionada con alcanzar sus metas. Una mente que se mantiene enfocada en alcanzar metas y ser la mejor nunca tendrá tiempo para nutrir cualquier forma de negatividad. Manténgase productivo en todo momento, y continúe enfocándose en cómo puede lograr más y superarse a sí mismo.

7. Practica la gratitud.

Esta es una de las mejores herramientas que puede utilizar para activar una mentalidad positiva para el éxito. Cuando sigues agradecido por las cosas que te rodean, rara vez tienes tiempo para pensar en lo negativo.

5 fortaleciendo Mantras para Destruir el Auto sabotaje y Empezar a Hacer las Cosas.

Es curioso, siempre ha habido este tipo de apegos mitológicos a la palabra "mantra". "Ha sufrido casi el mismo destino que la "meditación", en la que alguien piensa que sólo puede aplicarse a un monje budista en el Tíbet o a una bruja sentada en el Himalaya. La mayoría de las veces, ni siquiera entendemos cuán poderosos son los mantras y cómo pueden ayudarnos en general.

¿Qué es exactamente un mantra si lo usas? Tómalo de esta manera: un mantra es una herramienta mental o una palabra, frase o sonido que se utiliza para mantener tu mente en su lugar y evitar que uno se distraiga. Los mantras pueden ayudarte en diferentes facetas de tu vida si se emplean de la manera correcta. Pueden ayudarle a ser más productivo. Ellos pueden ayudarte a mantenerte concentrado. Ellos pueden ayudarle a reencuadrar su mente y los pensamientos que se arremolinan en ella. Las posibilidades son infinitas, y es por eso por lo que es necesario que comiences a emplear mantras en estas diferentes facetas de tu vida para que tengas lo mejor de ella. Aquí hay algunos mantras que pueden ayudarte a superarte y empezar a hacer las cosas.

1. **Acepto la paz en mi vida y en mis actividades diarias.**

Puedes ayudar a que este mantra se cumpla visualizando esa paz que deseas una y otra vez hasta que se manifieste. Puedes hacer uso de este mantra para llamar a la paz a cualquier aspecto de tu vida: tu mente, tu alma, tu trabajo, etc. Cuando estas palabras se repiten con el tiempo, tu mente comienza a creerlas y a alinearse para que se cumplan.

2. **Me esforzaré por lo mejor en lugar de esforzarme por alcanzar la perfección.**

Hemos pasado por esto, y les he explicado cuán tóxico puede ser el perfeccionismo para ustedes y para la gente que los rodea. Haga uso de este mantra para superar una mentalidad de perfeccionismo. Antes de comenzar una tarea importante, puede repetirla una y otra vez hasta que su mente la asimile. Cuando te encuentres cayendo gradualmente en esa mentalidad de perfeccionismo, repítelo, y date el enfoque requerido.

3. **Mis errores son para mi beneficio.**

Jugar al juego de la culpa siempre es fácil, y este mantra está aquí para ayudarte a hacer exactamente lo contrario. Usa este mantra cuando hayas cometido un error estúpido y sientas que eres un fracaso. Guárdelo de vez en cuando, aunque su mente trate de hacerle sentir mal por las decisiones que haya tomado en el pasado.

4. **Me centraré en mi presente.**

El mantra se utiliza sobre todo cuando te das cuenta de que tu mente se desliza gradualmente hacia atrás, hacia tu pasado o se preocupa por el futuro. Recuérdate a ti mismo usando este mantra para mantener tu enfoque en el presente.

5. Cumpliré con mis plazos y alcanzaré todas mis metas.

Usa este mantra al principio de cada día, a primera hora después de levantarte por la mañana o mientras te lavas la boca. A medida que te repitas este mantra, continúa visualizando cómo se verán las metas que has logrado. Ruminar sobre todos los beneficios emocionantes que se abren para usted a medida que alcanza sus objetivos diarios.

CONCLUSIÓN

Quiero agradecerte por seguirme en este viaje, por haber leído y estar aquí hasta este momento. De hecho, gracias por no posponer la lectura de este libro. Creo que se ha saltado páginas pero ha leído el libro con toda diligencia.

A lo largo de este libro, he hecho todo lo posible para ayudarle a entender el concepto de postergación y cómo funciona. Hemos explorado algunos de los principales desencadenantes de la dilación y también las principales maneras en que usted puede superar y conquistar estos desencadenantes. Pero puedo decirles que, a pesar de la riqueza de conocimientos ocultos en este libro, esto no es todo lo que se necesita.

Puedo decirles que todos nos enfrentamos a nuestros propios desencadenantes de dilación que son específicos de cada uno de nosotros. Al leer un libro, estoy seguro de que te encuentras con el que más se relaciona con tu situación. Estas son las cuestiones que debe abordar lo antes posible. No se puede cambiar todo a la vez. Trate de emplear alguna estrategia en su plan de acción para derrotar la dilación.

Una cosa es poseer la vara y otra cosa es golpear a la serpiente. La mayoría de la gente hará lo que sea para adquirir la vara, pero nunca tomará medidas para golpear a la serpiente hasta que muerda. Quiero decirles que hoy pueden liberarse de las garras de la dilación, si tan sólo deciden tomar medidas y seguir las instrucciones que se enumeran en este libro. Habrá un punto en el que sentirás que has fallado cuando parezca que debes rendirte y dejar de intentarlo, pero no permitas que eso te detenga. Prométete que lucharás hasta el final. Sólo mantén tu enfoque en hacer algunos pequeños cambios necesarios y verás que tu vida mejora cada día.

www.ingramcontent.com/pod-product-compliance
Lightning Source LLC
Chambersburg PA
CBHW022011120526
44592CB00034B/776